COLLECTION

ALAIN BENTOLILA
FRANÇOIS RICHAUDEAU

CW01651543

BRIGITTE CHEVALIER

a.r.t.h.u.r

a telier de lecture
\+ **r** enforcement
\+ **t** echniques de lecture
\+ **h** abitudes de lecteur
\+ **u** tilisation des compétences
= **r** éussite

NIVEAU 1

NATHAN/RETZ

Mise en pages : Jean-Pierre Godefroy.
Illustrations : Denise Chabot - Katell Reymond.
Édition : Laurence Bertin.
Ouvrage réalisé avec la participation de Guillaume Chevalier.

ISBN : 2-09-150954-X

AVANT-PROPOS

POURQUOI A.R.T.H.U.R. ?

A.R.T.H.U.R. se propose, par des exercices systématiques, progressifs et ciblés, de **développer l'habileté lexique** des élèves de CE 1 afin de les conduire à une lecture courante, immédiatement signifiante et souple.
A.R.T.H.U.R. s'est aussi fixé pour objectif d'**individualiser l'apprentissage** en donnant aux maîtres les moyens d'adapter leurs actions pédagogiques. Dans ce but, il propose des **parcours de perfectionnement correspondant aux difficultés rencontrées par les élèves.** Bien que pouvant être utilisé indépendamment, il a en effet été conçu en liaison étroite avec les instruments d'évaluation contenus dans la mallette du « Moniteur de lecture ». Il permet, **pour la première fois,** la prise en compte de la diversité des lecteurs quant à leur niveau mais aussi quant à leur profil.
A.R.T.H.U.R. a été réalisé à la lumière des récents travaux effectués dans le domaine de la psychopédagogie de la lecture.

STRUCTURE DE L'OUVRAGE

Chaque chapitre est plus spécialement destiné à développer telle ou telle composante entrant dans l'acte de lire. Le tableau suivant récapitule les objectifs.

CHAPITRE 1 : JE VOIS MIEUX ET PLUS

I **V**

(voir page 7)

Objectifs généraux

- **Accroître la précision et l'habileté de la saisie visuelle.**
- Identifier les mots dont la fréquence est la plus grande.
- Réviser lettres et sons.
- Détecter les difficultés spécifiques de chaque enfant (confusion de lettres ou de sons).

Exercices	*Objectifs spécifiques*	*Supports*
QU'EST-CE QUE C'EST ?	— Identifier les substantifs les plus courants.	Mots + dessins
QUELLES LETTRES ?	— Réviser les lettres.	Mots + dessins
VU !	— Reconnaître un mot parmi d'autres mots proches par la graphie.	Mots + dessins
CLIC-CLAC	— Reconnaître un mot parmi d'autres mots proches par la graphie ou par le sens. — Exploiter au mieux son champ de vision.	Mots (1)
LE JEU DES ERREURS	— Affiner la prise d'indices.	Mots + textes
QUE FONT-ILS ?	— Identifier les verbes les plus courants.	Phrases
QU'EST-CE QUI MANQUE ?	— Mettre en liaison deux sources d'informations.	Phrases + dessins

1. Lorsque les exercices portent sur des mots, ceux-ci sont toujours extraits du vocabulaire français fondamental. Ils sont, de plus, suffisamment évocateurs et signifiants, même isolés d'un contexte éclairant.

CHAPITRE 2 : JE JOUE AVEC LES MOTS

C

Objectifs généraux

- **Enrichir le bagage linguistique, le rendre plus disponible.**
- Développer les stratégies perceptives et intellectuelles.
- Exercer la faculté de comparer, d'associer, de mettre en relation des données.

Exercices	*Objectifs spécifiques*	*Supports*
LES DEUX FONT LA PAIRE	— Manier les expressions courantes.	Mots
DEUX PAR DEUX	— Mettre en liaison deux mots fréquemment associés.	Mots
LA PÊCHE AUX MOTS	— Mettre en liaison des mots pour en dégager les points communs.	Mots
CHASSE LE PIRATE !	— Dépister l'intrus dans une liste. — Trouver le terme générique d'un ensemble de mots.	Mots
LES MOTS OPPOSÉS	— Manier les antonymes.	Mots
LES MOTS VOISINS	— Manier les synonymes.	Mots
DEVINETTES	— Relier un mot à sa définition.	Mots + phrases

CHAPITRE 3 : JE PRÉVOIS

ANT **C** + **ATF**

Objectifs généraux

- **Développer la capacité d'anticiper, de formuler des hypothèses sur sa lecture.**
- Susciter une lecture active, voire critique.
- Passer d'une lecture séquentielle à une lecture d'ensemble.

Exercices	*Objectifs spécifiques*	*Supports*
DES MOTS GRIGNOTÉS	— objectifs généraux.	Textes dont certains mots sont en partie disparus.
DES MOTS DISPARUS	— objectifs généraux.	Textes lacunaires où aucun mot n'est proposé.
DÉTECTEUR D'ANOMALIES	— Développer l'esprit critique.	Textes avec des intrus.

CHAPITRE 4 : JE BÂTIS LES PHRASES

ANT

Objectifs généraux

- **Développer la capacité à saisir et manier l'organisation d'un écrit (au niveau de la phrase).**
- Favoriser l'anticipation immédiate.

Exercices	*Objectifs spécifiques*	*Supports*
LES PHRASES COUPÉES	— Tirer parti des indices sémantiques et des indices orthographiques.	Phrases
BRIC-À-BRAC	— Prendre conscience de la mécanique de précision qu'est l'écrit. — Tirer parti des indices sémantiques et de tous les indices perceptifs autres que les indices graphémiques (majuscules, points...).	Phrases + dessins
PHRASES MÉLANGÉES	— Idem sur deux phrases.	Phrases

CHAPITRE 5 : JE BÂTIS LES HISTOIRES

ATF **C**

Objectifs généraux

- **Développer la capacité à saisir et à manier la structure d'un texte narratif.**
- Développer l'anticipation au niveau du texte.

Exercices	*Objectifs spécifiques*	*Supports*
BIP... BIP... LIGNES BROUILLÉES	— Tirer parti des indices sémantiques et de tous les indices perceptifs (majuscules, ponctuation, guillemets, décalages...).	Textes narratifs.
HISTOIRE PUZZLE	— Tirer parti des indices mentionnés ci-dessus et des indices organisationnels.	Textes narratifs dans le désordre + soutien illustration dans l'ordre (pour certains exercices).

CHAPITRE 6 : JE DÉCOUVRE LES HISTOIRES

ATF **V**

Objectifs pour tous les exercices	*Supports*
● **Développer la compréhension de textes narratifs.** ● Synthétiser les habiletés partielles exercées dans les chapitres précédents. ● Faire le point (pour la lecture intégrale de textes narratifs).	Textes narratifs suivis d'un questionnaire.

CHAPITRE 7 : J'EXERCE MA MÉMOIRE

ATE

Objectifs généraux

- **Renforcer la capacité de rétention des informations.**
- Contribuer à une mémorisation rationnelle des textes en amenant les élèves à centrer leur lecture sur les éléments essentiels.

Exercices	*Objectifs spécifiques*	*Supports*
ENREGISTRE	— Mémoriser les mots d'une phrase.	Phrases
RETENU !	— Mémoriser les informations importantes.	Textes de type explicatif.
S.O.S. MÉMOIRE	— Idem mais la quantité d'informations à mémoriser est plus importante.	Textes de type explicatif.

CHAPITRE 8 : JE LIS POUR AGIR

I

Objectifs généraux

- **Développer la capacité de saisie précise de l'information.**
- Apprendre à décoder énoncés et consignes.

Exercices	*Objectifs spécifiques*	*Supports*
OÙ EST LA RÉPONSE ? OÙ EST LA QUESTION ?	— Comprendre une question. — Sérier les éléments-clés d'une question et les comparer à ceux de la réponse.	Questions et réponses mélangées.
A TOI DE POSER LES QUESTIONS	— Anticiper ce qui pourrait faire l'objet de questions → saisir l'essentiel. — Rendre le lecteur actif.	Textes de type explicatif.
MISSION ACCOMPLIE	— Comprendre une consigne et effectuer les actions correspondantes. — Connaître les verbes des consignes.	Consignes et tâches accomplies dans le désordre.
CODE SECRET	— Maîtriser l'articulation des éléments de la consigne.	Consignes à effectuer à la suite.
QU'EST-CE QUI ÉTAIT DEMANDÉ ?	— Retrouver une consigne.	Textes d'exercices sans les consignes et exercices faits.
A TOI DE DIRE CE QU'IL FAUT TROUVER	— Anticiper les tâches (« se décentrer »). — Construire une consigne.	Débuts d'énoncés de problèmes (partie informative).

CHAPITRE 9 : JE LIS POUR CHERCHER

ALR

Objectifs généraux

- **Savoir pratiquer une lecture de recherche.**
- Savoir moduler sa lecture selon les écrits et selon les situations.
- Savoir extraire l'information.

Exercices	*Objectifs spécifiques*	*Supports*
REPÉRÉ !	— Dégager une série d'éléments explicitement donnés. — Comparer, mettre en liaison deux supports de nature différente.	Textes narratifs + illustrations. Textes prescriptifs + illustrations.
A L'AFFÛT	— Sélectionner des informations dont certaines ne sont pas explicitement données mais nécessitent une déduction ou une mise en relation. — Utiliser les informations recueillies pour compléter un document.	Textes informatifs (documents). Textes explicatifs. Textes narratifs.
DROIT A L'INFORMATION	— Trouver la ou les réponse(s) à une série de questions. — Acheminer graduellement les lecteurs vers un traitement de l'information et non plus un simple prélèvement.	Textes explicatifs précédés d'un questionnaire.

Les exercices d'entraînement sont classés par ordre croissant de difficulté (à l'intérieur de chaque série).

MISE EN PLACE DES ATELIERS

Une fois les difficultés cernées, le maître pourra regrouper dans un même atelier les élèves présentant des problèmes identiques et leur proposer des modes de perfectionnement appropriés.

SIGLES	ATELIERS	CHAPITRES A UTILISER EN PRIORITÉ	CHAPITRES OU EXERCICES A UTILISER EN COMPLÉMENT
V	Difficultés au niveau de la vitesse.	1 + 6 (en mettant l'accent sur le facteur temps).	9 (en faisant intervenir le facteur temps).
C	Difficultés au niveau de la construction du sens et du traitement des informations (lecture peu signifiante).	2	3 + 5 + exercices « Enregistre » du chapitre 7.
I	Difficultés au niveau de l'identification fine du matériel écrit (lecture peu précise).	1 + 8 (à partir du deuxième trimestre).	
ANT	Difficultés au niveau de l'anticipation.	3 + 4	Exercices « A toi de poser les questions », « A toi de dire ce qu'il faut faire » (chap. 8).
ATF	Difficultés au niveau de l'exploitation de textes de fiction.	5 + 6	3
ATE	Difficultés au niveau de l'exploitation de textes explicatifs.	7	Exercices « A l'affût » (n°s 4-5) + « Droit à l'information » (chap. 9).
ALR	Difficultés au niveau de la recherche d'informations (lecture peu adaptable, uniforme).	9	Exercices « Où est la réponse ? », « Où est la question ? » (chap. 8).
	Difficultés en tout domaine.	Privilégier les premiers exercices de chaque série.	
	Élèves non déficients, aux capacités homogènes, dont on veut améliorer les compétences.	Sélectionner les exercices en fonction du niveau et du profil des élèves (révélés par les tests).	

Soulignons que ce livre a été conçu pour **faire progresser tous les élèves,** même s'il propose des parcours de perfectionnement plus spécifiques pour telle ou telle carence.

POUR UNE EXPLOITATION OPTIMALE

- **L'entraînement : un temps de l'apprentissage**

Ce livre permet essentiellement la mise en œuvre des situations de structuration. Il constitue un outil d'aide au perfectionnement de la lecture mais ne représente évidemment qu'un volet de l'apprentissage. Il ne peut être conçu en dehors d'une pédagogie globale de la lecture où alternent activités de systématisation (1/4 à 1/3 du temps) et activités en situation « vraie » (3/4 à 2/3 du temps), c'est-à-dire des activités où la lecture n'est plus une fin en soi mais une médiation vers une autre activité ou un autre apprentissage.
En tout état de cause, les séquences de structuration doivent, pour prendre leur pleine efficacité, être courtes, denses, fréquentes.

- **Explicitation des objectifs et des procédures**

Les différents chapitres de l'ouvrage ainsi que les exercices portent un titre visant à définir les objectifs. Il est en effet essentiel que l'enfant connaisse le pourquoi des tâches qu'il entreprend. Cette compréhension de soi est particulièrement importante dans le domaine de la lecture où de multiples facteurs entrent en jeu.
La correction des exercices pourra être un moment privilégié pour amener une **prise de conscience de la manière dont on lit et dont on pourrait procéder pour mieux lire.** Pourquoi tel élève est-il allé plus vite pour trouver la phrase correspondant à l'illustration ou pour trouver l'information ? Comment s'y est-il pris ? Qu'est-ce qui l'a mis sur la voie ? Comment pourrions-nous procéder ? La confrontation et l'étude des stratégies, la comparaison des résultats en fonction de la démarche mise en œuvre conduiront peu à peu les enfants à dégager, à théoriser le fonctionnement de la lecture et des objets à lire. A partir du moment où la « conscience du lecteur » s'est éveillée chez les enfants, l'écrit cesse de leur apparaître comme un monde inaccessible.

- **Auto-évaluation et itinéraire pédagogique**

L'auto-évaluation est reconnue à tous les niveaux et dans les situations les plus diverses comme le mode d'évaluation privilégié. Il importe que les élèves soient toujours au clair sur ce qu'on leur fait faire, mais aussi sur les résultats de leur travail. Ils en arrivent ainsi à se prendre en charge peu à peu et à **apprécier** leur **progression.** Dans cette optique, l'ouvrage a été élaboré de telle manière que l'élève puisse, au bout de quelque temps, se corriger lui-même et repérer ainsi ses lacunes. Un barème de correction est indiqué pour tous les exercices, ainsi que le degré de difficulté chaque fois que cela s'avère nécessaire.
L'étude des scores amènera graduellement les élèves à cerner les exercices qui les aideront à progresser. L'enseignant pourra fixer un certain nombre de **paliers à atteindre** et aider les lecteurs à se situer régulièrement. Par une espèce de contrat, il définira avec les élèves les étapes intermédiaires qui conduiront à l'objectif. Cette façon de procéder est stimulante. Elle présente en outre le mérite de ne pas décourager l'élève par un projet trop ambitieux. Parvenir au but, même de portée limitée, sécurise et redonne confiance. C'est aussi un puissant facteur de **motivation.**
Chacun pourra reporter ses résultats sur une fiche récapitulative et ainsi les visualiser. Cette fiche représente la mémoire de l'élève : elle oblige à la rigueur d'un suivi et rend l'élève partie prenante dans la construction de son apprentissage.

UTILISATION PRATIQUE

La plupart des exercices exigent une trace écrite. Il sera possible, soit d'utiliser un transparent avec feutre effaçable, soit de faire noter les coordonnées des réponses choisies.
Les exercices signalés par le sigle  pourront, éventuellement, être effectués par groupe de deux ou trois élèves.

CHAPITRE 1

I + V

(voir page 7)

Je vois mieux et plus

Les exercices de ce chapitre doivent être faits au moins deux fois, à deux ou trois semaines d'intervalle.

1 - QU'EST-CE QUE C'EST ?

Regarde chaque dessin et trouve le mot qui lui correspond.
Il y a quatre mots en trop.

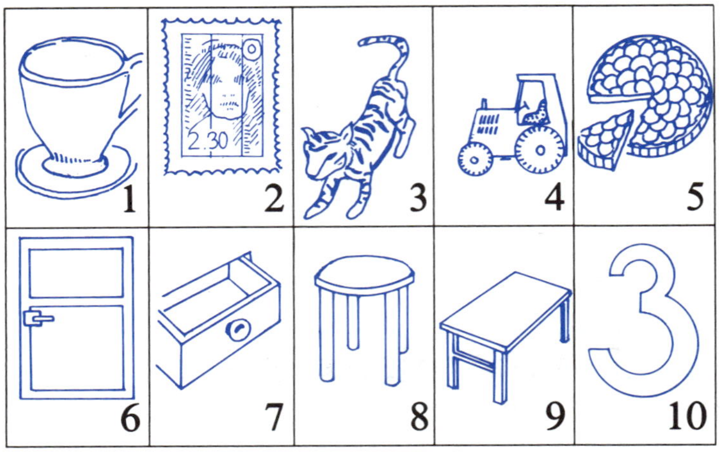

une table - un tiroir - une tasse - un tracteur - une tartine - une porte - un timbre - un tabouret - un tigre - trois - un tunnel - un troupeau - une tarte - un train.

Une bonne réponse = 1 point.

2 - QU'EST-CE QUE C'EST ?

Regarde chaque dessin et trouve le mot qui lui correspond.
Il y a quatre mots en trop.

un sac - un serpent - un avion - du sable - un secret - du sel - une souris - un singe - un stylo - la sonnette - du sucre - un sapin - une salade - une sardine.

Une bonne réponse = 1 point.

3 - QU'EST-CE QUE C'EST ?

Regarde chaque dessin et trouve le mot qui lui correspond. Il y a quatre mots en trop.

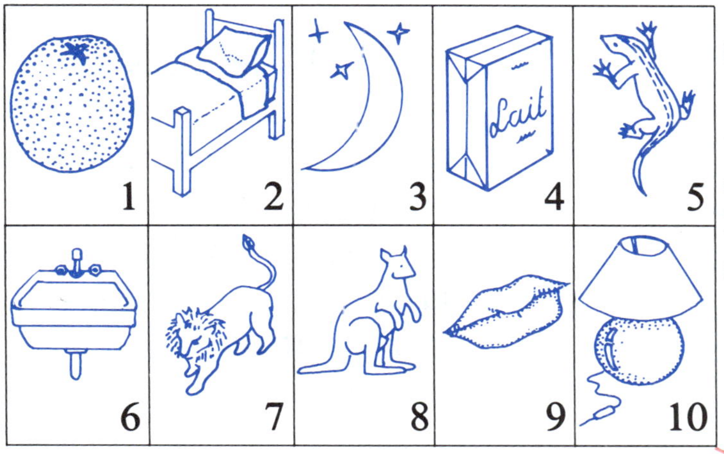

un lavabo - un kangourou - un lion - la lampe - du lait - la lune - des légumes - les lèvres - un lit - les larmes - un lézard - un kilo - une orange - une locomotive.

Une bonne réponse = 1 point.

4 - QU'EST-CE QUE C'EST ?

Regarde chaque dessin et trouve le mot qui lui correspond. Il y a quatre mots en trop.

une fenêtre - le facteur - février - un hélicoptère - une fée - un escargot - une fleur - la forêt - un hibou - une fourmi - une fourchette - une flèche - des flammes - une fraise.

Une bonne réponse = 1 point.

5 - QU'EST-CE QUE C'EST ?

Regarde chaque dessin et trouve le mot qui lui correspond. Il y a quatre mots en trop.

le réveil - le radis - la jupe - le journal - le robot - la radio - un arbre - la rose - le repas - le raisin - la rivière - le jardin - la récréation - le requin.

Une bonne réponse = 1 point.

6 - QU'EST-CE QUE C'EST ?

Regarde chaque dessin et trouve le mot qui lui correspond. Il y a quatre mots en trop.

une valise - un wagon - les vacances - le vélo - le verre - le village - le volant - la vache - le voleur - la veste - un ver de terre - le vent - une ville - vingt.

Une bonne réponse = 1 point.

7 - QU'EST-CE QUE C'EST ?

Regarde chaque dessin et trouve le mot qui lui correspond. Il y a quatre mots en trop.

la niche - la moto -
la moustache - le nid -
la natation -
un micro - la mare -
le manteau - l'oreille -
une noix -
la marguerite - le nez -
le marteau -
un masque.

Une bonne réponse = 1 point.

8 - QU'EST-CE QUE C'EST ?

Regarde chaque dessin et trouve le mot qui lui correspond. Il y a quatre mots en trop.

le panier -
un papillon -
une prune - la pluie -
le parapluie - le pont -
le pantalon -
la plume - le pinceau -
le pyjama -
la baignoire - le prince -
le piano - le printemps.

Une bonne réponse = 1 point.

9 - QU'EST-CE QUE C'EST ?

Regarde chaque dessin et trouve le mot qui lui correspond.
Il y a quatre mots en trop.

les dents - un doigt -
les quilles -
la diapositive -
le dindon - le docteur -
le pain - le drapeau -
quatre - les dominos -
deux - la douche -
la date - les dés.

Une bonne réponse = 1 point.

10 - QU'EST-CE QUE C'EST ?

Regarde chaque dessin et trouve le mot qui lui correspond.
Il y a quatre mots en trop.

la bouche - le bateau -
la bouteille -
la brosse - la poule -
la balançoire -
un bouchon - une banane -
le banc - la baleine -
une barbe -
le berceau - des billes -
la bicyclette.

Une bonne réponse = 1 point.

11 - QU'EST-CE QUE C'EST ?

Regarde chaque dessin et trouve le mot qui lui correspond. Il y a quatre mots en trop.

la girafe - le grenier - des gâteaux - l'étoile - la grenouille - la guitare - la guerre - la grue - une grimace - un garage - les gants - le gendarme - le guignol - le grand-père.

Une bonne réponse = 1 point.

12 - QU'EST-CE QUE C'EST ?

Regarde chaque dessin et trouve le mot qui lui correspond. Il y a quatre mots en trop.

les cerises - la coccinelle - un escalier - courir - le clown - le cirque - un crayon - le camion - le chasseur - la casserole - la couleur - la chaise - le cartable - la caméra.

Une bonne réponse = 1 point.

13 - QU'EST-CE QUE C'EST ?

Regarde chaque dessin et trouve le mot qui lui correspond. Il y a quatre mots en trop.

le yaourt - la photo - les yeux - le zèbre - le taxi - l'éléphant - la montagne - le zoo - un western - un voyage - les phares - zéro - un électrophone - un klaxon.

Une bonne réponse = 1 point.

14 - QU'EST-CE QUE C'EST ?

Regarde chaque dessin et trouve le mot qui lui correspond. Il y a quatre mots en trop.

le tiroir - la roue - la boue - la confiture - le loup - le front - une armoire - le pigeon - des clous - le violon - une montre - le toit - un ballon - le garçon.

Une bonne réponse = 1 point.

15 - QU'EST-CE QUE C'EST ?

Regarde chaque dessin et trouve le mot qui lui correspond. Il y a quatre mots en trop.

la maison - un éclair -
la reine - le soleil -
la neige - l'abeille -
les feuilles - les ailes -
un feu - le peigne -
un aigle - une aiguille -
la corbeille -
un écureuil.

Une bonne réponse = 1 point.

16 - QU'EST-CE QUE C'EST ?

Regarde chaque dessin et trouve le mot qui lui correspond. Il y a quatre mots en trop.

le château - le chien -
le veau - le matin -
un pingouin -
un lapin - la langue -
chanter - une auto -
un frein -
un esquimau - bien -
un corbeau -
un champignon.

Une bonne réponse = 1 point.

1 - QUELLES LETTRES ?

Complète les mots sur ton cahier : une lettre par point.

t.lipe	cl.che	b.lai	p.e	chaussett.
	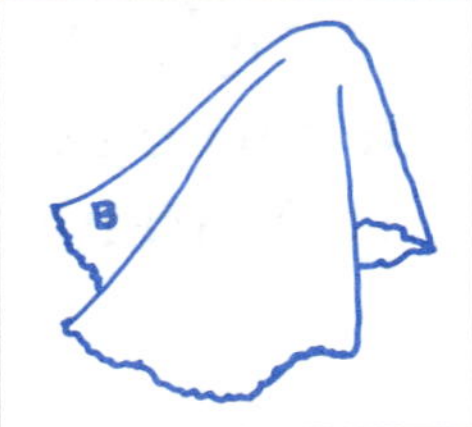			
.ipère	mouc.oir	.orcière	ping-.ong	tob.ggan

Un mot complété = 1 point.

2 - QUELLES LETTRES ?

Complète les mots sur ton cahier : une lettre par point.

cha.eau	éco.e	ju.o	fau.euil	ta.is

hôpi.al	auto.oute	.anard	robi.et	.arçon

Un mot complété = 1 point.

3 - QUELLES LETTRES ?

Complète les mots sur ton cahier : une lettre par point.

bou..er	cas.ue	cy.ne	b.acelet	pâ..erette

			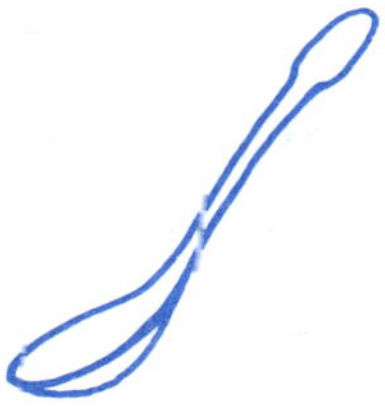	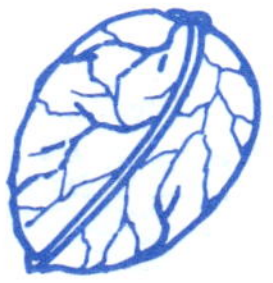
pen.ule	.igeon	har.onica	cuillè.e	.oix

Un mot complété = 1 point.

4 - QUELLES LETTRES ?

Complète les mots sur ton cahier : une lettre par point.

	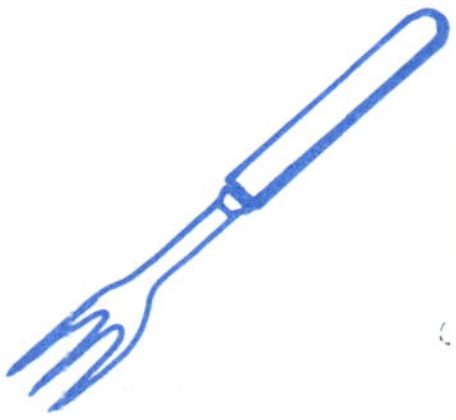			
ca.ane	.ourchette	ambu.ance	tau.eau	.arasol

calen.rier	pan.ouf.e	.irop	.isque	ro.e

Un mot complété = 1 point.

1 - VU !

Regarde chaque dessin et trouve le mot qui lui correspond.

reste
terre
verser
veste
violet — 1

personne
automne
couronne
oursonne
courrier — 2

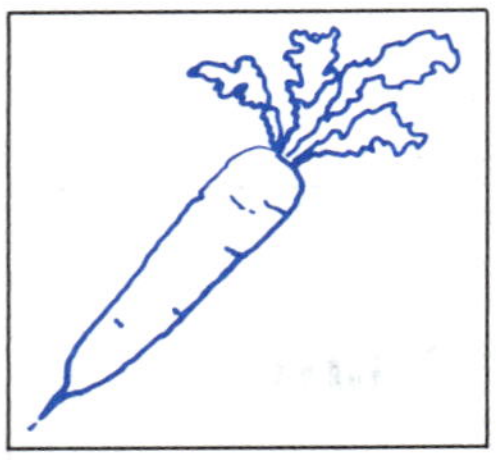

carreau
carnet
pilote
capable
carotte — 3

poche
proche
brioche
brillant
roche — 4

malin
bain
pain
nain
main — 5

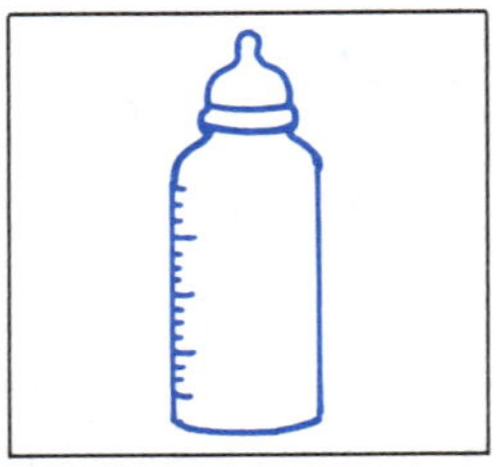

brouillon
bouchon
ballon
bille
biberon — 6

champion
champignon
chanteur
réveillon
collection — 7

lunettes
sucette
chouette
lune
tunnel — 8

menthe
fente
pente
tante
tente — 9

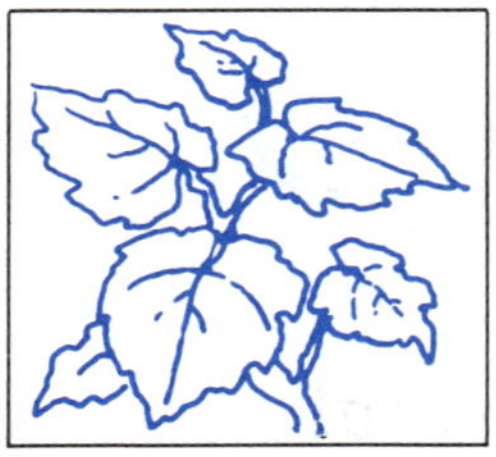

plancher
plante
placard
tranche
planche — 10

Une bonne réponse = 1 point.

2 - VU !

Regarde chaque dessin et trouve le mot qui lui correspond.

perruche
ruche
bûche
riche
vache

1

train
tracteur
traîneau
moineau
panneau

2

bouchon
bouquet
oreille
abeille
bouteille

3

bateau
râteau
poteau
gâteau
gâter

4

matin
sapin
lapin
lutin
patin

5

retard
repas
canard
guépard
renard

6

rare
barre
mare
gare
square

7

souris
sortie
sourire
soupir
oasis

8

chef
clef
soif
clou
clair

9

table
tache
tablier
tableau
fable

10

Une bonne réponse = 1 point.

3 - VU !

Regarde chaque dessin et trouve le mot qui lui correspond.

1

caillou - soulier - cahier - soupir - soulever.

2

pleur - fer - fleur - fête - cœur.

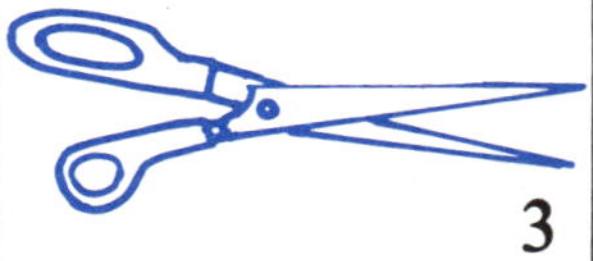
3

escabeau - cire - lionceau - oiseau - ciseaux.

4

genou - verrou - hiver - hibou - bijou.

5

paratonnerre - parachute - parapluie - pardessus - parasol.

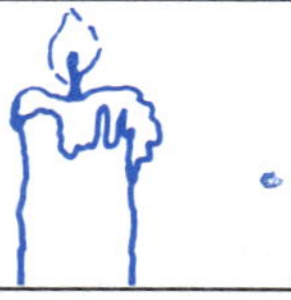
6

bouquet - goûter - poésie - bougie - bouger.

7

nage - vase - casser - cave - cage - page.

8

soupe - couper - loup - loupe - louve.

9

boule - poudre - poule - moule - foule.

10

boisson - poison - poisson - poignet - soixante.

Une bonne réponse = 1 point.

4 - VU !

Regarde chaque dessin et trouve le mot qui lui correspond.

1

grotte - hotte - note - botte - bol.

2

salle - malle - barre - balai - balle.

3

avion - leçon - sauce - savoir - savon.

4

chauffage - chaussette - chaussure - fourrure - coiffure.

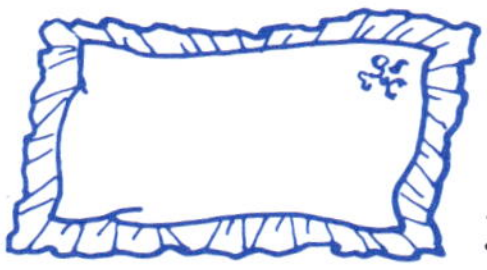
5

réveiller - ouvrier - oreille - oreiller - orchestre.

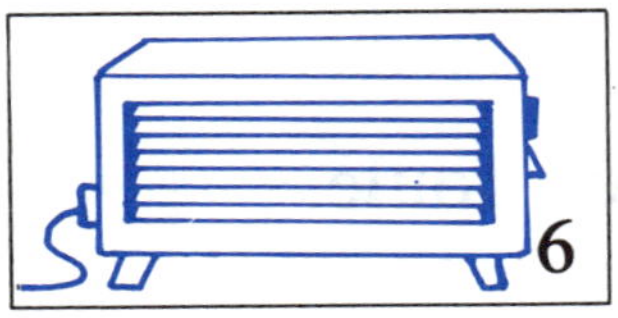

6 radio - aviateur - rat - radiateur - navigateur.

7 fièvre - chèvre - cheville - lèvre - chêne.

8 statue - laitue - trouer - tortue - tordre.

9 leçon - glaçon - garçon - place - maison

10 pont - pompier - papier - pompiste - chantier.

Une bonne réponse = 1 point.

5 - VU !

Regarde chaque dessin et trouve l'expression qui lui correspond.

1

une voiture de dépannage
une voiture de police
une voiture de course

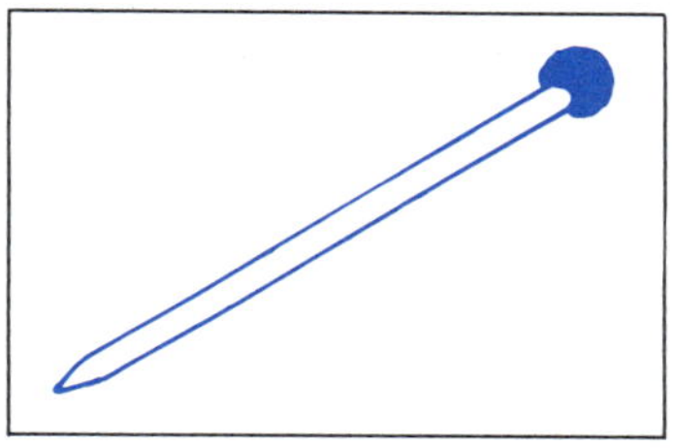

2

une aiguille à coudre
une aiguille à tricoter
une aiguille de pin

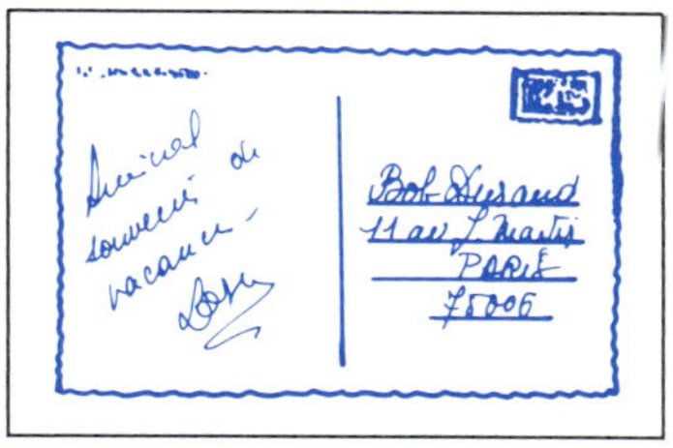

3

une carte à jouer
une carte de géographie
une carte postale

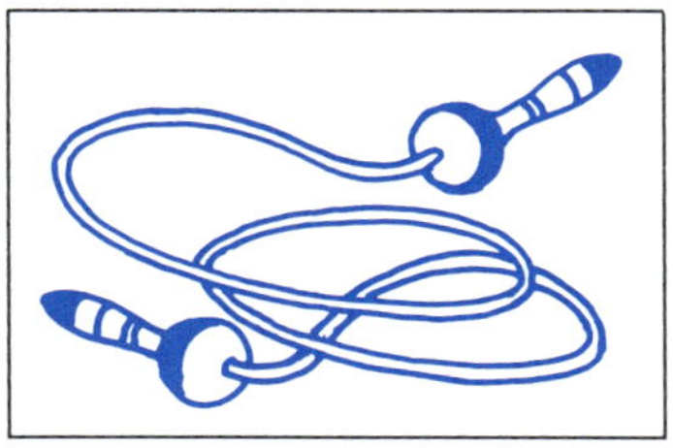

4

une corde à sauter
une corde à linge
un instrument à cordes

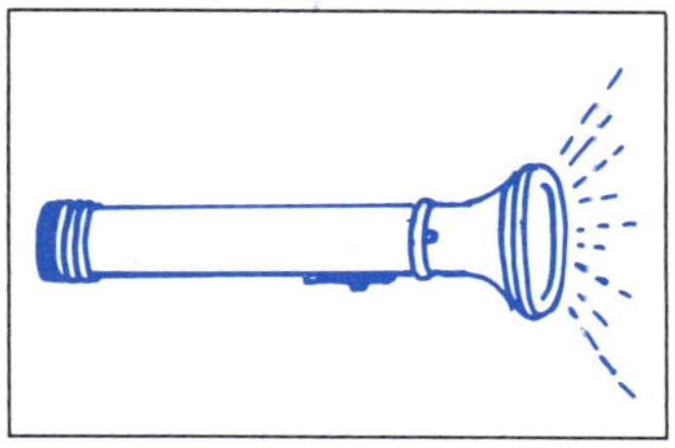

5

lampe de poche
argent de poche
livre de poche

Une bonne réponse = 2 points.

6 - VU !

Regarde chaque dessin et trouve l'expression qui lui correspond.

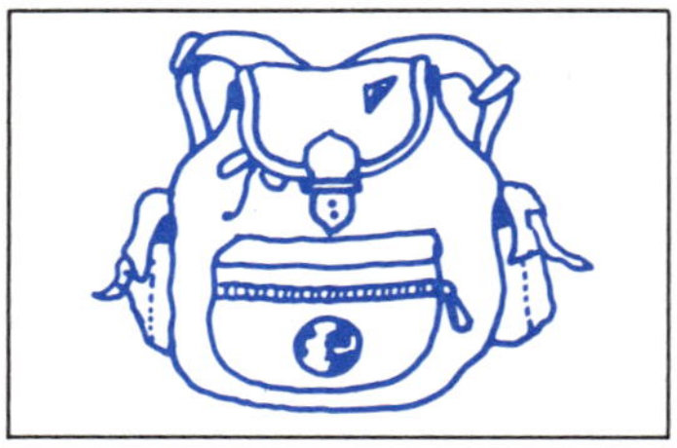

1

un sac à dos
un sac à main
un sac à provisions

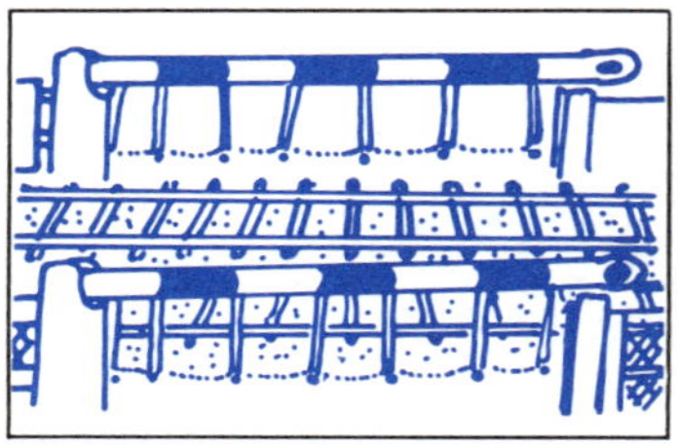

2

un passage pour piétons
un passage souterrain
un passage à niveau

3

un rayon de soleil
les rayons de la bicyclette
des livres sur les rayons

4

une machine à coudre
une machine à écrire
une machine à laver
une machine à calculer

5

un feu de camp
un feu rouge
le feu de forêt
une arme à feu

Une bonne réponse = 2 points.

1 - CLIC-CLAC

Vérifie si les mots dans les cadres se retrouvent dans la grille.
Exemples :
— vite, oui, n° 24 ; elle dort, non.

vite	elle dort	tard	deux
la mère	il crie	le film	

1	il rit	**11**	fort	**21**	il écrit
2	le père	**12**	dix	**22**	vieux
3	bleu	**13**	doux	**23**	lourd
4	rond	**14**	la fin	**24**	vite
5	il boit	**15**	douze	**25**	le mètre
6	jeune	**16**	fidèle	**26**	fragile
7	tôt	**17**	le rêve	**27**	tard
8	retard	**18**	gris	**28**	il lit
9	il crie	**19**	doigt	**29**	il sort
10	la mer	**20**	deux	**30**	la marée

Une bonne réponse = 2 points.

2 - CLIC-CLAC

Vérifie si les mots dans les cadres se retrouvent dans la grille. Note tes réponses.

heureux | **à minuit** | **avec joie**

il fait jour | **il gèle**

1	il fait nuit	**11**	à bientôt	**21**	d'accord
2	à l'heure	**12**	entendu	**22**	il neige
3	il fait froid	**13**	il grêle	**23**	aujourd'hui
4	content	**14**	à midi	**24**	sans joie
5	sérieux	**15**	peureux	**25**	il gèle
6	merveilleux	**16**	il pleut	**26**	joyeux
7	à l'hôtel	**17**	curieux	**27**	le gel
8	malheureux	**18**	il fait beau	**28**	à minuit
9	il fait jour	**19**	cruel	**29**	une minute
10	il tousse	**20**	avec plaisir	**30**	interdit

Une bonne réponse = 2 points.

3 - CLIC-CLAC

Vérifie si les mots dans les cadres se retrouvent dans la grille. Note tes réponses.

un ours savant	une mobylette	la récréation

un ciel bleu	tout de suite

1	l'inondation	11	attention !	21	tout à l'heure
2	l'opération	12	en équilibre	22	un vélomoteur
3	un ourson	13	un lion savant	23	la récréation
4	la rédaction	14	un ciel bleu	24	un écran géant
5	une moto	15	une émission	25	l'addition
6	un nid de pie	16	un ours gourmand	26	du fil de fer
7	l'omelette	17	un ours blanc	27	une mobylette
8	un ciel gris	18	du pain frais	28	un modèle
9	tout à fait	19	bonne année !	29	un cri aigu
10	un ciel étoilé	20	une poussette	30	la circulation

Une bonne réponse = 2 points.

1 - LE JEU DES ERREURS

Le cuisinier a fait des erreurs en recopiant le menu.
A toi de les trouver.

MENU Moules farcies Poulet aux champignons Petits pois Salade **Pour le dessert :** Gâteau au chocolat Choux à la crème Glace aux cinq parfums Fruits de saison **Boisson :** eau à volonté	Poules farcies Boulet aux champignons Petits bois Malade Pour le désert : Bateau au chocolat Clous à la crème Place aux cinq parfums Fruits de maison Poisson : eau à volonté

Une erreur trouvée = 1 point.

2 - LE JEU DES ERREURS

Séraphine a fait des erreurs en recopiant la liste : elle a changé les mots de place, elle en a oublié, elle en a mis d'autres...
A toi de vérifier. Si le mot ou groupe de mots n'est pas répété, tu écris : non ; s'il est répété, tu notes combien de fois et à quel endroit (1, 2...).
Exemple : le but, deux fois, 4 et 10.

le but	1	sourire
la source	2	la course
le chemin	3	un pont
un bond	4	le but
la mer	5	la classe
la brasse	6	sourire
sourire	7	la course
souligner	8	la classe
le climat	9	un bond
la course	10	le but
la pluie	11	la nuit

Une bonne réponse = 1 point.

3 - LE JEU DES ERREURS

Selim a fait des erreurs en recopiant la liste : il a changé les mots de place, il en a oublié, il en a mis d'autres... A toi de vérifier. Si le mot ou groupe de mots n'est pas répété, tu écris : non ; s'il est répété, tu notes combien de fois et à quel endroit (1, 2...).

impossible	1 l'étape
le miel	2 une grotte
l'étage	3 le ciel
une grotte	4 inutile
une goutte	5 une grotte
inutile	6 un secret
le ciel	7 une grotte
l'étape	8 inutile
un rocher	9 un secret
un secret	10 le miel

Une bonne réponse = 1 point.

1 - QUE FONT-ILS ?

**Que fait Aurélie ? Regarde chaque dessin et trouve la phrase qui lui correspond. Il y a trois phrases en trop.
Exemple : dessin A = phrase 11, tu écris A 11.**

A

1. Elle se coiffe.

2. Elle s'habille.

3. Elle dort sur le canapé.

F

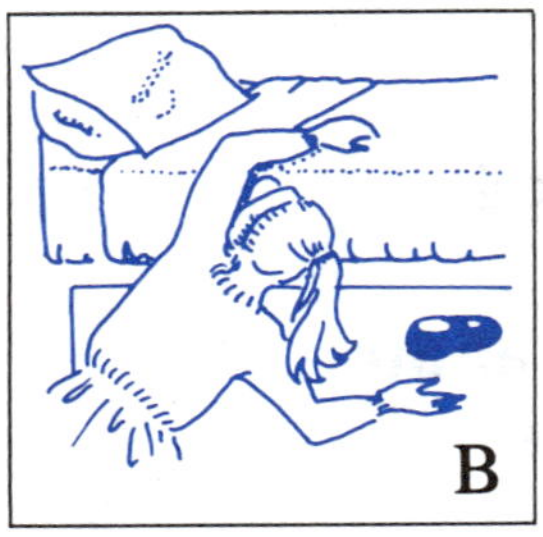

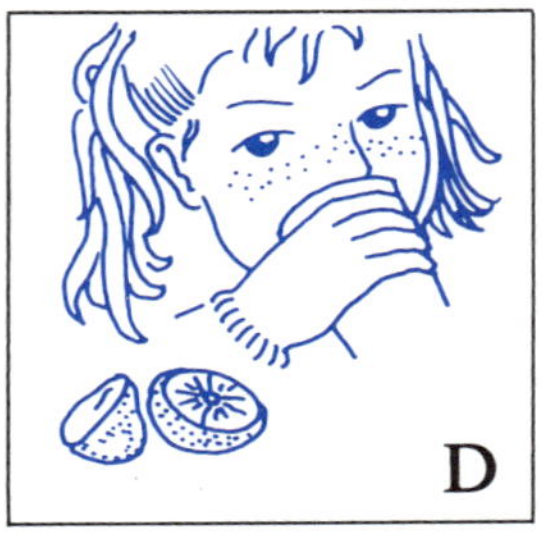

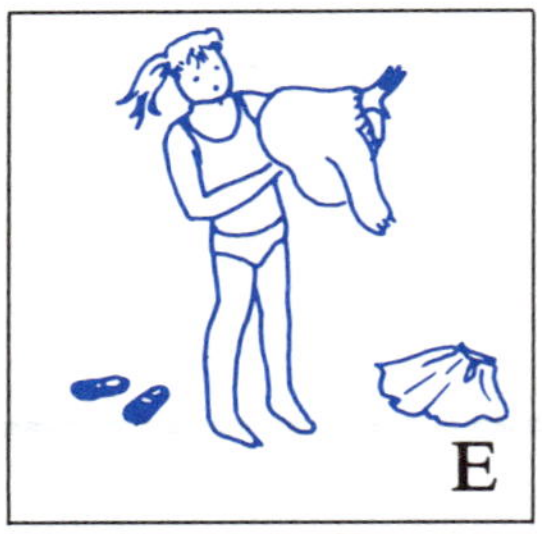

4. Elle regarde la télévision.

5. Elle joue aux billes.

6. Elle lit le programme.

7. Elle cherche sa chaussure sous son lit.

8. Elle boit du jus d'orange.

9. Elle prend son bain en chantant.

10. Elle prépare son cartable.

11. Elle court après l'autobus.

12. Elle saute à la corde.

13. Elle se frotte les yeux.

14. Elle construit une cabane.

Une bonne réponse = 1 point.

2 - QUE FONT-ILS ?

Que fait Thomas ? Regarde chaque dessin et trouve la phrase qui lui correspond. Il y a trois phrases en trop.

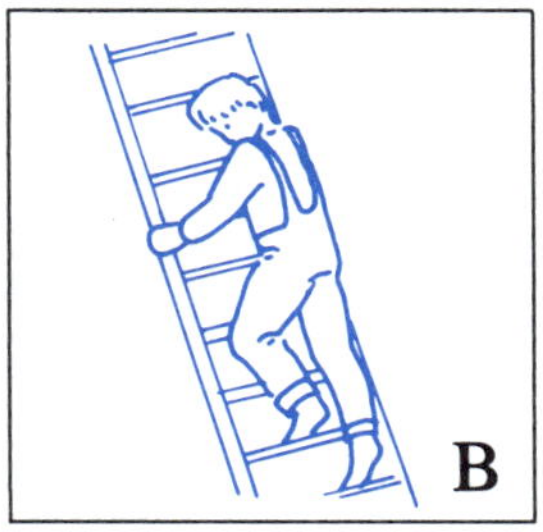

1. Il cueille des fleurs.
2. Il fait tomber le vase de fleurs.
3. Il téléphone à son copain.
4. Il monte l'escalier à toute vitesse.
5. Il regarde des photos.
6. Il descend de l'échelle.
7. Il verse du lait dans son verre.
8. Il nage avec une bouée.
9. Il court après les papillons.
10. Il attrape le ballon.
11. Il mange son goûter.
12. Il écrit une lettre.
13. Il se lave les dents avec beaucoup de dentifrice.

Une bonne réponse = 1 point.

3 - QUE FONT-ILS ?

Que fait Samia ? Regarde chaque dessin et trouve la phrase qui lui correspond. Il y a trois phrases en trop.

A

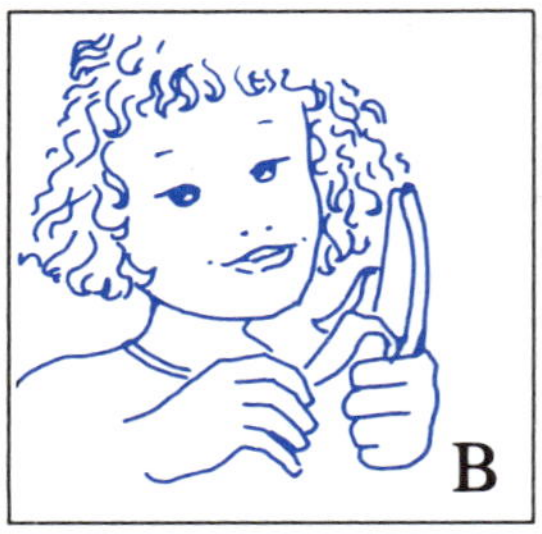
B

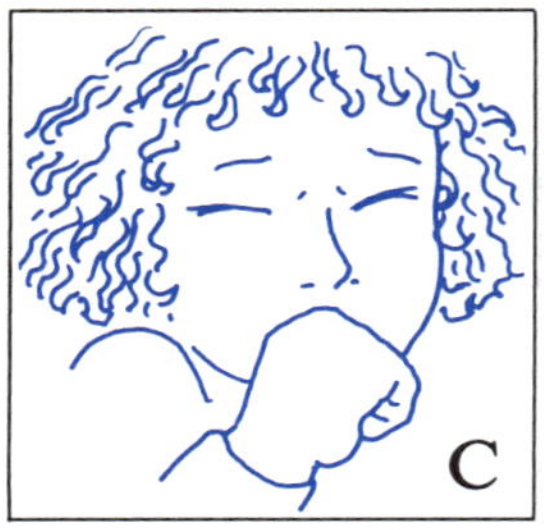
C

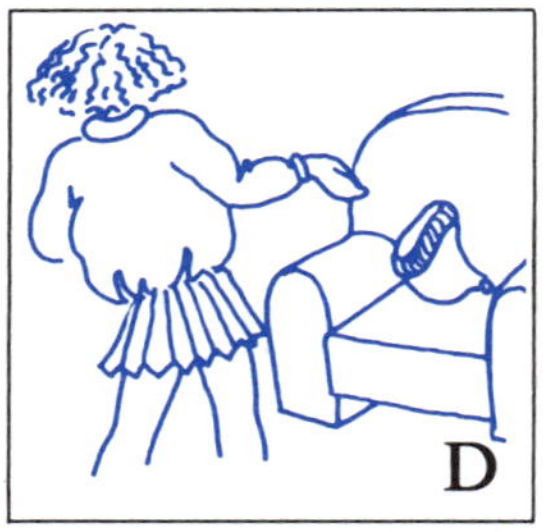
D

E

1. Elle éternue.

2. Elle porte un paquet très lourd.

3. Elle enlève son anorak.

4. Elle campe dans la prairie.

5. Elle mange une banane.

6. Elle épluche une banane.

7. Elle creuse un trou dans le sable.

8. Elle lit une bande dessinée.

9. Elle se réveille tôt le matin.

10. Elle jette son bonnet sur le fauteuil.

11. Elle patine sur la glace.

12. Elle rit aux éclats.

13. Elle accroche un tableau au mur.

F

G

H

I

J

Une bonne réponse = 1 point.

1 - QU'EST-CE QUI MANQUE ?

Les dessins ne sont pas complets. Trouve ce qui manque.

1. Céline souffle ses bougies d'anniversaire.

2. Le lion tourne en rond dans sa cage.

3. Didier pose une boîte sur la table.

4. Cinq pommes pendent à l'arbre.

5. La fée touche le bébé de sa baguette magique.

6. Éric prend son cahier dans son cartable pour le montrer à sa mère.

7. Justine montre à son père le grand poisson qu'elle a attrapé.

8. Le petit garçon met une casquette sur le bonhomme de neige.

9. Joël regarde ses cadeaux de Noël : un robot et une voiture téléguidée.

10. L'infirmière apporte au malade son petit déjeuner sur un plateau : des biscottes, de la confiture et un bol de lait.

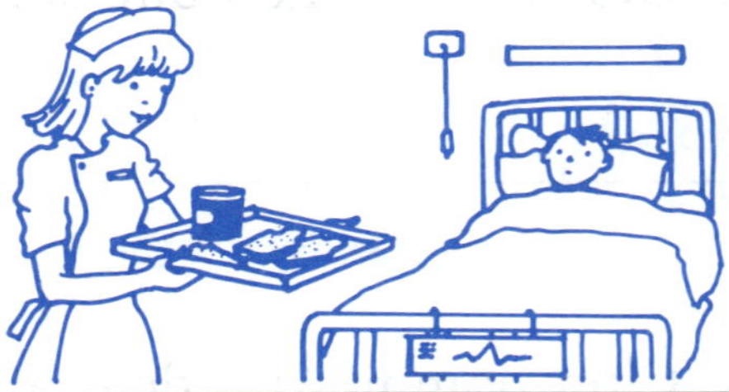

Un oubli retrouvé = 1 point.

2 - QU'EST-CE QUI MANQUE ?

Les dessins ne sont pas complets. Trouve ce qui manque.

1. Elle est assise sur son lit, en pantoufles et en robe de chambre.

2. Il porte des lunettes et suce son crayon.

3. Elle a les cheveux frisés et joue au ballon.

4. Elle a une raquette dans une main et un bouquet de fleurs dans l'autre.

5. Le haut de son visage est caché par un masque et le bas par une barbe noire.

6. Il s'appuie sur un bâton et porte un grand sac de toile sur les épaules.

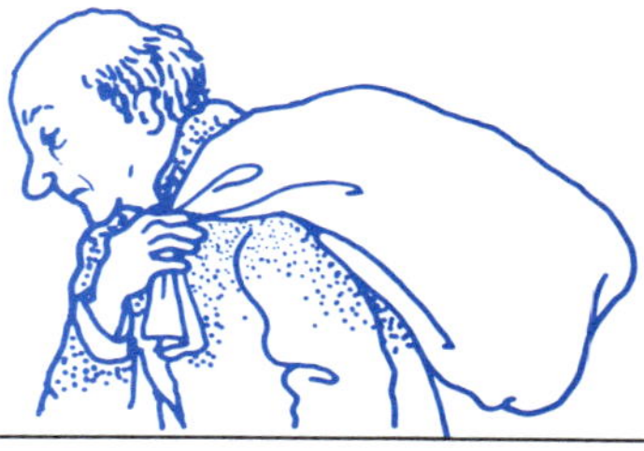

7. Elle a un ruban dans les cheveux
et tient un appareil photo.

8. Il a une écharpe roulée autour du cou
et un gros bonnet.

9. Le petit lutin se promène, une fleur
à la bouche, une canne à la main.

10. Guignol porte un chapeau pointu, une veste
à carreaux et un pantalon trop large.

Un oubli retrouvé = 1 point.

CHAPITRE 2

C

Je joue avec les mots

1 - LES DEUX FONT LA PAIRE

Reforme les mots composés.
Exemple : un pique-nique.

1. Un pique	-	gorge
2. Un rouge	-	mère
3. Un marteau	-	poste
4. Une grand	-	manger
5. Un timbre	-	nique
6. Un garde	-	fleur
7. Un cerf	-	fort
8. Un chou	-	cahier
9. Un porte	-	piqueur
10. Un coffre	-	clefs
11. Un protège	-	volant

Une bonne réponse = 1 point.

2 - LES DEUX FONT LA PAIRE

Reforme les mots composés.

1. Un couvre	-	neige
2. Un taille	-	over
3. Un remonte	-	ménage
4. Un snack	-	lit
5. Un rendez	-	noisette
6. Un tire	-	crayon
7. Un pull	-	bouchon
8. Un casse	-	bar
9. Un perce	-	pente
10. Du remue	-	vous

Une bonne réponse = 1 point.

3 - LES DEUX FONT LA PAIRE

Reforme les mots composés.

1. Une chauve	-	fort
2. Un camping	-	temps
3. Un sous	-	jour
4. Une plate	-	né
5. Un abat	-	vaisselle
6. L'après	-	marin
7. Le nouveau	-	forme
8. Un château	-	midi
9. Un passe	-	souris
10. Un lave	-	car

Une bonne réponse = 1 point.

1 - DEUX PAR DEUX

Associe, deux par deux, les mots de chaque liste.
Exemple : chat et miauler, tu écris 1 g.

1) chat	**a)** lit
2) arête	**b)** coudre
3) drap	**c)** football
4) pelote	**d)** gare
5) train	**e)** bulle
6) orchestre	**f)** serrure
7) chien	**g)** miauler
8) dé	**h)** musique
9) clef	**i)** aboyer
10) ballon	**j)** laine
11) savon	**k)** poisson

Une bonne réponse = 1 point.

2 - DEUX PAR DEUX

Associe, deux par deux, les mots de chaque liste.

1) chaussure	**a)** bosse
2) piscine	**b)** cornes
3) pigeon	**c)** trompe
4) chameau	**d)** hélice
5) tente	**e)** carapace
6) avion	**f)** lacet
7) tortue	**g)** roucouler
8) livre	**h)** plongeoir
9) taureau	**i)** bibliothèque
10) éléphant	**j)** camper

Une bonne réponse = 1 point.

3 - DEUX PAR DEUX

Associie, deux par deux, les mots de chaque liste.

1) escalier	**a)** crinière
2) nid	**b)** sable
3) lion	**c)** orage
4) abeille	**d)** date
5) écorce	**e)** neige
6) tonnerre	**f)** oiseau
7) nez	**g)** arbre
8) dune	**h)** narine
9) calendrier	**i)** marche
10) ski	**j)** ruche

Une bonne réponse = 1 point.

4 - DEUX PAR DEUX

Associe, deux par deux, les mots de chaque liste.

1) larmes	**a)** coquille
2) hérisson	**b)** clou
3) nageoire	**c)** cinéma
4) bicyclette	**d)** rose
5) dompteur	**e)** pleurer
6) vague	**f)** piquants
7) marteau	**g)** mer
8) film	**h)** cirque
9) œuf	**i)** pédales
10) épine	**j)** poisson

Une bonne réponse = 1 point.

1 - LA PÊCHE AUX MOTS

Complète chaque série 1, 2... par un des onze mots « poissons ».
Exemple pour la série 1 : pantalon (parce que c'est aussi un vêtement).

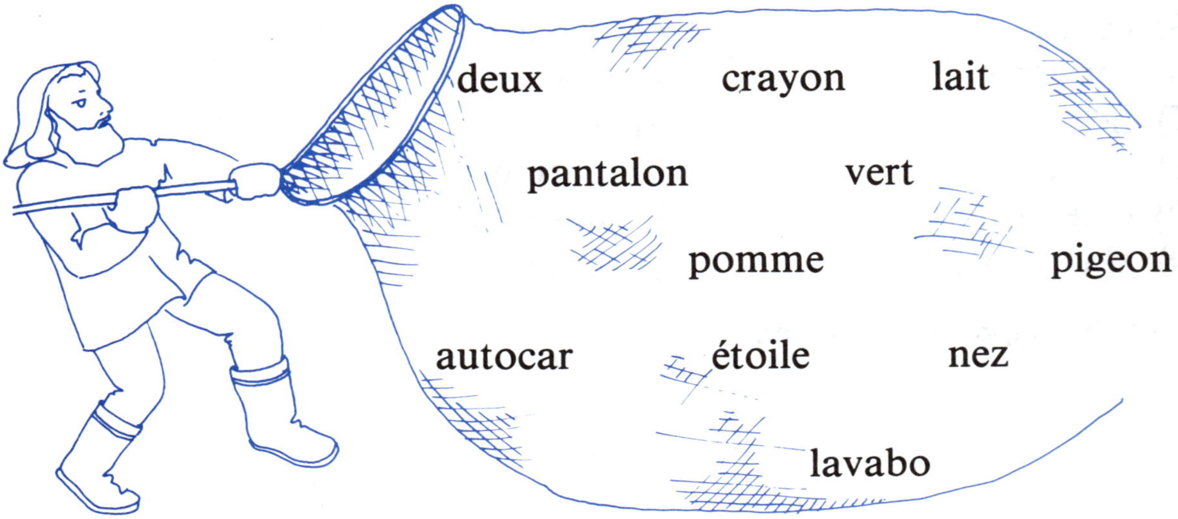

1. jupe - casquette - blouson.
2. orange - ananas - poire.
3. moineau - merle - hirondelle.
4. gomme - stylo - règle.
5. évier - baignoire - cuvette.
6. bicyclette - camion - voiture.
7. bleu - jaune - noir.
8. cinq - dix - trois.
9. eau - vin - limonade.
10. lune - soleil - nuage.
11. yeux - bouche - front.

Une bonne réponse = 1 point.

2 - LA PÊCHE AUX MOTS

Complète chaque série 1, 2... par un des dix mots « poissons ».

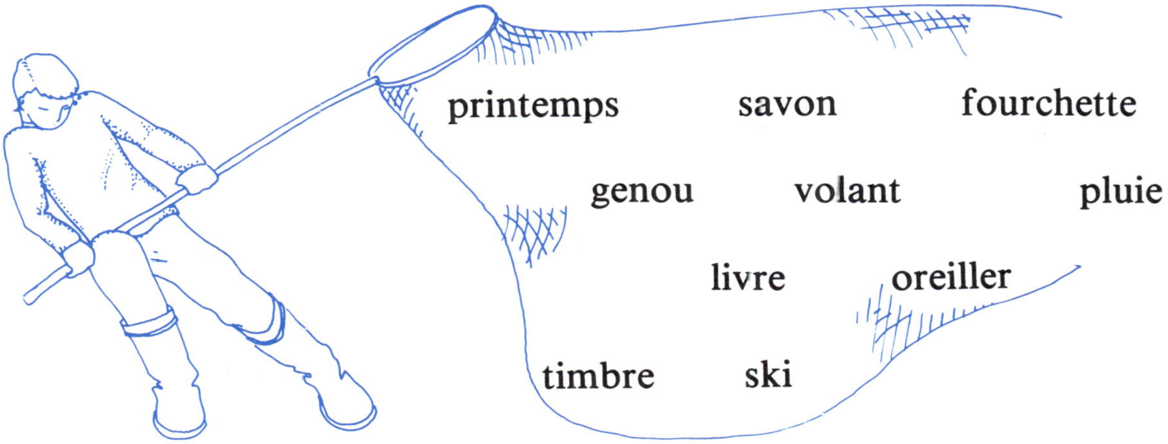

1. bras - pied - épaule.
2. assiette - couteau - cuillère.
3. journal - catalogue - dictionnaire.
4. couette - couverture - matelas.
5. bain - douche - gant de toilette.
6. pneu - pare-brise - portière.
7. automne - été - hiver.
8. lettre - carte postale - facteur.
9. verglas - brouillard - neige.
10. téléphérique - luge - traîneau.

Une bonne réponse = 1 point.

3 - LA PÊCHE AUX MOTS

Complète chaque série 1, 2... par un des dix mots « poissons ».

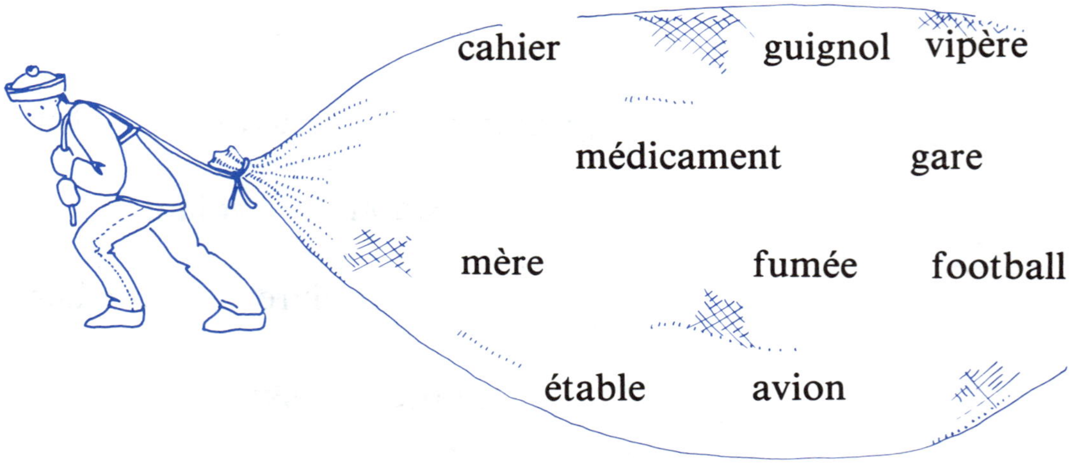

1. théâtre - cirque - marionnettes.
2. sœur - frère - père.
3. basket-ball - rugby - handball.
4. tracteur - écurie - grange.
5. flamme - pompier - feu.
6. aéroport - pilote - hélicoptère.
7. couleuvre - boa - python.
8. wagon - rails - locomotive.
9. suppositoire - pansement - comprimé.
10. carnet - tableau - fiche.

Une bonne réponse = 1 point.

4 - LA PÊCHE AUX MOTS

Complète chaque série 1, 2... par un des dix mots « poissons ».

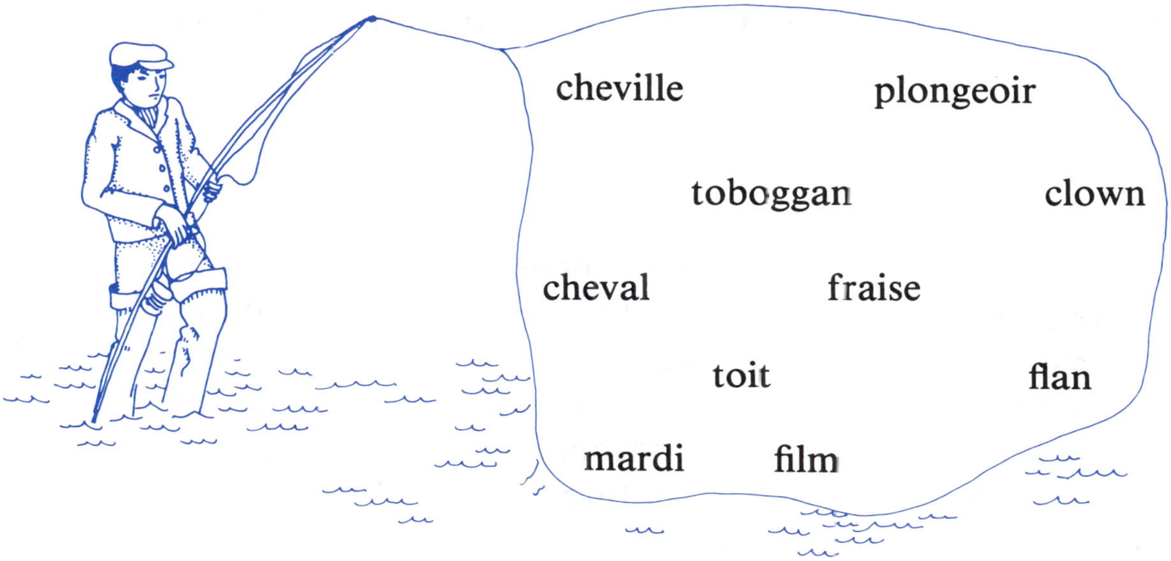

1. mercredi - lundi - dimanche.
2. vache - mouton - veau.
3. cache-cache - marelle - balançoire.
4. fenêtre - porte - cheminée.
5. écran - cinéma - spectateur.
6. tarte - compote - yaourt.
7. trapéziste - chapiteau - dompteur.
8. genou - pied - mollet.
9. piscine - maillot de bain - vestiaire.
10. raisin - kiwi - pomme.

Une bonne réponse = 1 point.

1 - CHASSE LE PIRATE !

Les mots de chaque carte ont un point commun, sauf un.

1) Trouve dans chaque liste le mot pirate.

2) Quel est le point commun aux autres mots ?

Exemple pour la carte n° 1 : mot-pirate = carnaval ;
point commun = les autres mots désignent des bateaux.

1	2	3
navire paquebot radeau canoë carnaval sous-marin	grammaire lecture couvercle sciences vocabulaire écriture	navet tomate salade orange carotte poireau

4	5	6
natation judo équitation boxe mathématiques karaté	tulipe rose robe œillet lilas muguet	dominos billes puzzle toupie cubes soupe

Une bonne réponse = 1 point.

2 - CHASSE LE PIRATE !

Les mots de chaque carte ont un point commun, sauf un.

1) Trouve dans chaque liste le mot pirate.

2) Quel est le point commun aux autres mots ?

1	2	3
panthère singe rhinocéros gorille canari bison	hache lime pioche pelle tenailles conte	oreillons vacances varicelle rougeole grippe otite

4	5
morue sardine requin dinde merlan truite	sapin châtaignier palmier pommier poulailler chêne

Une bonne réponse = 1 point.

3 - CHASSE LE PIRATE !

Les mots de chaque carte ont un point commun, sauf un.

1) Trouve dans chaque liste le mot pirate.

2) Quel est le point commun aux autres mots ?

juillet
septembre
avril
artiste
juin
août
1

mouche
guêpe
mouchoir
abeille
moustique
puceron
2

poussin
chèvre
canard
coq
lion
bœuf
3

sac de couchage
camper
oncle
sac à dos
caravane
camping-car
4

gentil
sympathique
serviable
paresseux
loyal
adroit
5

Une bonne réponse = 1 point.

4 - CHASSE LE PIRATE !

Les mots de chaque carte ont un point commun, sauf un.

1) Trouve dans chaque liste le mot pirate.

2) Quel est le point commun aux autres mots ?

1	2	3
bazar	taper	voie ferrée
bataille	chanter	passage à niveau
charcuterie	siffler	fer à repasser
pâtisserie	hurler	rails
boulangerie	crier	train
poissonnerie	écrire	aiguillage

4	5
maison	piano
cabane	tambour
immeuble	guitare
tiroir	accordéon
appartement	patinoire
château	trompette

Une bonne réponse = 1 point.

5 - CHASSE LE PIRATE !

Les mots de chaque carte ont un point commun, sauf un.

1) Trouve dans chaque liste le mot pirate.

2) Quel est le point commun aux autres mots ?

1	2	3
cuisine cave chambre grenier couloir vitre	camion vélomoteur cerf-volant métro autobus mobylette	aigle hibou vautour pigeon aiguille mouette

4	5
chaise canapé placard fauteuil tabouret banc	plat saladier assiette poubelle tasse bol

Une bonne réponse = 1 point.

1 - LES MOTS OPPOSÉS

A chaque mot de la liste A correspond, dans la liste B, un mot qui signifie le contraire. Trouve-le.
Exemple : court - long.

Liste A	Liste B
court	s'éveiller
affreux	atterrir
partir	petit
triste	long
décoller	revenir
grand	allumé
éteint	joli
s'endormir	joyeux
chaud	peu
vide	froid
beaucoup	plein

Une bonne réponse = 1 point.

2 - LES MOTS OPPOSÉS

A chaque mot de la liste A correspond, dans la liste B, un mot qui signifie le contraire. Trouve-le.

Liste A	Liste B
jeune	rire
aimable	différent
se coucher	lent
rapide	désagréable
riche	pauvre
loin	se lever
propre	détester
aimer	vieux
pleurer	proche
pareil	sale

Une bonne réponse = 1 point.

3 - LES MOTS OPPOSÉS

A chaque mot de la liste A correspond, dans la liste B, un mot qui signifie le contraire : lequel ?

Liste A	Liste B
gagner	derrière
lourd	descendre
bâtir	clair
sombre	dernier
devant	commencer
monter	perdre
fermer	léger
premier	en bas
finir	ouvrir
en haut	démolir

Une bonne réponse = 1 point.

1 - LES MOTS VOISINS

A chaque mot de la série A correspond, dans la série B, un mot qui veut presque dire la même chose : lequel ?
Exemple : chuchoter - murmurer.

A chuchoter - début - pareil - se souvenir - visage - attraper - effrayé - vêtement - casser - éclairé - carreau.

B se rappeler - semblable - murmurer - figure - commencement - saisir - épouvanté - habit - vitre - illuminé - briser.

Une bonne réponse = 1 point.

2 - LES MOTS VOISINS

A chaque mot de la série A correspond, dans la série B, un mot qui veut presque dire la même chose.

A peur - interdit - trembler - riche - bagage - urgent - joyeux - s'amuser - exact - étourdi.

B crainte - fortuné - colis - distrait - gai - se divertir - pressé - juste - frissonner - défendu.

Une bonne réponse = 1 point.

1 - DEVINETTES

Qu'est-ce que c'est ?
Relie chaque phrase à un des mots écrits sur les étiquettes.
Exemple : phrase n° 1 = montre. Tu écris 1, montre.

1. Tu la mets à ton poignet pour savoir l'heure.
2. Il y en a dans beaucoup de fruits : cerises, abricots, prunes...
3. Dans ce magasin, on prépare et on vend du pain.
4. Elles coulent quand on pleure.
5. Ce vêtement sert à se protéger de la pluie.
6. Il vend et répare les montres, les pendules, les réveils, les horloges.

noyau | imperméable | montre

larmes | boulangerie | horloger

Une bonne réponse = 2 points.

D'après J. Petrus, *Mon dictionnaire magique,* Éd. F. Nathan.

2 - DEVINETTES

Qu'est-ce que c'est ?
Relie chaque phrase à un des mots écrits sur les étiquettes.

1. Cette voiture transporte les malades et les blessés à l'hôpital.
2. Pour savoir le poids exact de ce qu'il vend, le marchand s'en sert.
3. Grandes ou petites, on les construit pour les habiter.
4. Elle a des barreaux. On y enferme les animaux.
5. Il faut vite aller le voir dès que tu as mal aux dents.

cage | maisons | dentiste

balance | ambulance

Une bonne réponse = 2 points.

3 - DEVINETTES

Qu'est-ce que c'est ?
Relie chaque phrase à un des mots écrits sur les étiquettes.

1. Dans ce magasin, on prépare et on vend de la viande.
2. Très utile pour ne pas se noyer quand on ne sait pas nager.
3. Il a des ailes, il vole mais ce n'est pas un oiseau.
4. Il roule sur des rails et transporte des marchandises ou des personnes.
5. Terre entourée d'eau de tous côtés.

wagon | île | boucherie

bouée | avion

Une bonne réponse = 2 points.

4 - DEVINETTES

Qu'est-ce que c'est ?
Relie chaque phrase à un des mots écrits sur les étiquettes.

1. On y range les voitures pour les abriter ou les réparer.
2. On le met sur la tête pour se protéger des coups ou des chocs.
3. Petit traîneau utilisé pour glisser sur la neige.
4. Elle retient nos amis chiens quand on les promène.
5. Tu es content de le retrouver le soir quand tu as sommeil.

luge — casque — lit

garage — laisse

Une bonne réponse = 2 points.

5 - DEVINETTES

Qu'est-ce que c'est ?
Relie chaque phrase à un des mots écrits sur les étiquettes.

1. Attention ! ne joue pas avec elles... elles flambent quand on en frotte le bout.
2. On les colle sur les enveloppes des lettres avant de les envoyer.
3. On les colle sur les murs : elles informent ou font vendre.
4. Il navigue le plus souvent sous la mer parmi les poissons.
5. Instrument de musique à quatre cordes.

timbres — sous-marin — allumettes

violon — affiches

Une bonne réponse = 2 points.

CHAPITRE 3

ANT C + ATF

Je prévois

1 - DES MOTS GRIGNOTÉS

Une souris a grignoté une lettre ici et là, parfois plus. Complète ce qui manque.

Mimi-souris est triste...

Les souriceaux sont contents. Pour les vacances, ils vont aller chez maman-souris. D'habitude ils habitent chez papa-souris. C'est comme ça depuis que papa et maman-souris sont séparés. Les souriceaux sont bien avec papa-souris. Mais Mimi réclame + + + jours maman-souris. Alors aujourd'hui, ses frères la + + quinent :

« Ne pleure plus, Mimi, tu vas la rev+ + + ta maman-souris ! »

Mais voilà que Mimi se met à pleurer et à + + ier :

« Non, non, je ne veux pas y aller ! »

Ses frères-souris n'y comprennent rien. Ils disent :

« T'es folle, Mimi t'as reçu une noisette sur la tê+ + ? »

Son papa-souris n'y comprend rien non plus. Il dit :

« Qu'est-ce que tu as, ma Mimi ? Tu n'es pas mal+ + + ? Tu n'as pas chaud au nez ? Tu n'as pas froid aux pattes ? »

Non, Mimi n'est pas malade. Elle a mal au cœur, voilà. Pas mal au cœur comme en + + + ture quand on a envie de vomir. Elle a mal au cœur, là, au milieu. Ça lui fait comme un gros poids. Elle ne veut plus aller chez maman-souris, plus + + mais.

La semaine dernière, maman-souris a + + voyé une lettre. Avec la lettre, il y avait une pho+ + de maman-souris avec un monsieur-souris très beau, très bien, très gris. Maman-souris disait dans sa lettre :

« Voilà Tobie, mon nouveau mari-souris. Il attend avec impatience mes souriceaux chéris. » *A suivre...*

Un mot complété = 1 point.

2 - DES MOTS GRIGNOTÉS

Une souris a grignoté une lettre ici et là, parfois plus. Complète ce qui manque.

Mimi-souris est triste *(suite et fin)*

Mimi déteste ce Tobie-souris tout gris qui lui a pris sa maman-souris. Mimi déteste maman-souris parce qu'elle ne sera plus jamais avec papa-souris. C'est pour ça que Mimi a mal au cœur. Elle ne +eut plus aller chez maman-souris, plus jamais. Son papa la +rend dans ses bras, il lui dit qu'une maman-souris, c'est toujours une maman, même quand elle a un autre mari. Il lui + + +le à l'oreille, longtemps. A la fin, Mimi veut bien aller tout de même chez maman-souris. Dans la mai+ + + de maman-souris, Mimi retrouve sa petite chambre à elle. Elle retrouve les bons câ+ + + + avec maman-souris, le parfum de maman-souris et les délicieuses confitures de fromage que maman-souris fait si bien !

Tobie-souris tout gris est plutôt gentil. Il joue aux + +minos avec les souriceaux. Il fabrique un + + +ceau pour la poupée de Mimi. Quand les vac+ + + + + sont finies, les souriceaux reviennent chez papa-souris. Ils crient : « C'était chouette les vacances chez maman-souris ! »

Mimi se blottit contre papa-souris et elle lui demande :

« Maman-souris et toi, vous vous êtes aimés + + +gtemps ?

Papa-souris répond :

— Oui, longtemps.

Mimi-souris demande encore :

— Alors, moi, quand j'aurai un mari-souris, si je l'aime encore plus longtemps, ça sera p+ + + toute la vie ?

Et papa-souris répond :

— Oui, Mimi, peut-être pour toute la vie. »

D'après M. H. Delval, *Pomme d'api*, n° 270, août 1988.

Un mot complété = 1 point.

3 - DES MOTS GRIGNOTÉS

Une souris a grignoté le bas de certains mots.
Retrouve ce qui manque.
→ Un conseil : lis d'abord une première fois jusqu'au bout pour comprendre l'histoire.

Un rêve étrange

Les parents de Toinou ont une nouvelle voiture, une Tréno 2 000. Grâce à son ordinateur, elle parle. Une nuit, Toinou ne peut résister. Il se lève et descend dans le garage.

Les clefs de la voiture sont sur le tableau de bord. Il s'installe au volant et actionne les portes coulissantes du garage en allumant les phares. C'est un système spécial que son père a fabriqué. Voilà Toinou sur la route. D'abord il a très peur et il roule avec prudence, tout doucement.
Et puis, alors qu'il ne s'y attend pas, la voiture se met à parler :
« Tu passes en quatrième, maintenant, Toinou.
— Tu connais mon nom ! s'étonne Toinou.
— Oui. Et suis bien mes conseils. Là-bas, il y a un virage, n'accélère pas. Bon, ici, avant ce croisement qui arrive, tu freines. »
La voiture se conduit sans aucun problème grâce aux indications de l'ordinateur.
Toinou, souriant, se sent bien.
« Comment t'appelles-tu ? demande Toinou à la voiture.
— Tu peux m'appeler Vox, tout simplement. Et toi, je te connais bien. Tu as huit ans et tu... Attention, une voiture en face ! Ne reste pas en phares. Mets les codes.
— Oh là là, conduire c'est plus compliqué que je croyais.
— Surtout la nuit, Toinou. Mais tu es très doué, je trouve. »

A suivre...

Un point pour deux mots retrouvés.

4 - DES MOTS GRIGNOTÉS

Une souris a grignoté le bas de certains mots.
Retrouve ce qui manque.

Un rêve étrange *(suite et fin)*

C'est la nuit. Toinou, huit ans, conduit, seul, la voiture de ses parents. Oui mais cette voiture, appelée Vox, est peu ordinaire : elle parle et dit à Toinou ce qu'il doit faire.

Toinou parcourt la campagne déserte, passe dans les bois et les prés, longe une rivière. Mais soudain Vox prononce ces quelques mots :
« Attention, il y a un problème.
— C'est grave ? demande Toinou.
— Oui, je crois, mais je ne trouve pas encore ce qui se passe. Ralentis, Toinou, ça vaut mieux. Vite, vite, freine !
Toinou appuie son pied sur le frein mais...
— Oh là là, je n'arrive pas à freiner !
— Ça y est, dit Vox, je viens de trouver la panne : les freins ne fonctionnent plus. »
Mais la Tréno 2 000 dévale une rue en pente. Toinou s'accroche au volant, il ne contrôle plus rien. Un chien traverse la route, Toinou donne un grand coup de volant et bing ! la voiture écrase son capot sur un gros mur de béton. Quelle horreur, l'avant de la belle auto rouge est tout écrasé ! Toinou s'évanouit. Quelques minutes plus tard, il ouvre les yeux : il se réveille. Il est par terre, entre son lit et l'armoire.
« Mais qu'est-ce que je fais ici ? Et la voiture ? »
Toinou se redresse, allume sa lampe de chevet :
« Ça alors, je n'ai pas quitté ma chambre !
Oh là là, soupire Toinou soulagé, qu'est-ce que j'ai eu peur ! J'ai encore rêvé, mais j'aime mieux ça ! »

D'après L. G. Touati, P. Matter, *La Voiture qui parlait trop,* Éd. G.P.

Un point pour deux mots retrouvés.

1 - DES MOTS DISPARUS

Devine les mots disparus dans l'histoire.
→ Un conseil : lis une première fois le texte jusqu'au bout pour comprendre l'histoire.

Justine n'est pas d'accord

« Justine, dit le père, dépêche-toi de 1 tes chaussures, c'est l'heure d'aller à l'école. »
Mais Justine répond :
« Attends, je finis quelque chose. »
Et elle continue d'habiller sa 2 .
Alors, son père se 3 . Justine met ses chaussures en disant :
« Si ma poupée 4 un rhume, ça sera de ta faute !
— Justine, dit la maîtresse, dépêche-toi, c'est l'heure de la gymnastique.
— Attends, répond Justine, je 5 quelque chose. »
Et elle 6 son dessin.
Alors, la 7 se fâche. Justine enfile ses chaussons en disant :
« Je n'ai pas dessiné le 8 de la maison. S'il pleut dans les lits, ça sera ta faute !
— Justine, dit la mère, va te 9 les mains.
— 10 , dit Justine, j'enfile un pyjama à ma poupée. »

A suivre...

Un mot deviné = 1 point.

2 - DES MOTS DISPARUS

Devine les mots disparus dans l'histoire.

Justine n'est pas d'accord *(suite et fin)*

« Justine, viens à table ! dit la mère.
— Attends, je 1 mon jeu de construction.
— Justine, c'est l'heure de dormir !
— Attends, je veux lire encore un peu. »
Alors, la 2 se fâche.
« Ça suffit, dit-elle. Je n'attendrai plus, j'ai autre 3 à faire.
— Laisse-moi juste finir ma 4 ! crie Justine. »
Mais sa mère ne veut rien entendre et elle 5 la lumière.
Justine sanglote dans son 6 .
« J'en ai assez. Ma maman est méchante, mon 7 est méchant, ma maîtresse est méchante, tout le monde est méchant avec moi. Je ne veux plus voir personne !
Sa mère s'exclame :
— Personne ? Alors, il faut aller vivre dans le 8 ! Dans le désert, il n'y a personne. »
Le désert, Justine ne 9 pas très bien ce que c'est, mais elle répond :
« J'irai, et tu seras bien embêtée ! Mais moi, je serai tranquille, il n'y aura 10 pour m'empêcher de jouer ! »
Sa mère sourit, l'embrasse et sort de la chambre.

A. Pozner, *Justine dans le désert, L'Armoire aux histoires, pour les 6 ans,* Éd. F. Nathan.

Un mot deviné = 1 point.

... Va plus loin... Imagine la suite.

3 - DES MOTS DISPARUS

Devine les mots disparus dans l'histoire.

Une soirée mouvementée

Marion, la fille de Madame Bonami, est venue garder Joseph et Amélie dont les parents sont sortis. Au début, tout va bien. Amélie s'endort dans son petit lit. Joseph demande à Marion de lui lire une histoire, puis monte se coucher. Mais, soudain, il entend un drôle de bruit sur le palier.

Le bruit venait juste de derrière la porte. Joseph sortit de son lit et 1 derrière la porte : il y avait une petite mare par terre. Il leva la 2 : de l'eau coulait du plafond. Il pleuvait dans la maison ! Joseph descendit. Marion faisait ses devoirs en 3 la télévision.

« Il pleut sur le palier ! » lui dit-il.

Joseph et Marion remontèrent.

« Oh là là ! on dirait qu'une canalisation a éclaté, dit Marion.

— Nous allons commencer par chercher un seau », dit-elle.

Entre-temps, l'eau s'était mise à 4 à d'autres endroits. Joseph et Marion trouvèrent deux grands saladiers dans la 5 et les placèrent sous les fuites.

Marion 6 à sa maman. La famille Bonami habitait juste de l'autre 7 de la rue et Mme Bonami arriva tout de 8

« Mon Dieu ! s'exclama-t-elle. Marion ! Cours vite chercher des serpillières. »

C'est ce moment-là qu'Amélie choisit pour se réveiller et se mettre à 9 .

« Chut, petit trésor ! dit Mme Bonami en se penchant au-dessus de son petit 10 . »

Mais cela n'arrangea rien : Amélie se mit à pleurer plus fort encore.

A suivre...

Un mot deviné = 1 point.

4 - DES MOTS DISPARUS

Devine les mots disparus dans l'histoire.

Une soirée mouvementée *(suite et fin)*

Marion, la fille de Madame Bonami, est venue garder Joseph et Amélie dont les parents sont sortis. Mais il y a une fuite d'eau et Amélie se met à pleurer. Madame Bonami arrive au secours de sa fille.

Les gouttes tombaient de toutes parts, plof ! plaf ! plof !
« Il faudrait couper l'arrivée d' 1 dit Marion, mais je ne sais pas comment faire. Je vais aller 2 Papa. »
Pendant ce temps-là, Mme Bonami ne cessait d'éponger et de vider les saladiers qui se 3 vite. Elle faisait aussi des allers-retours dans la 4 d'Amélie pour essayer de la consoler. Mais Amélie pleurait de plus belle et les 5 continuaient de tomber de plus en plus fort sur le palier.
Marion revient avec M. Bonami. Il chercha sous l'escalier un gros robinet et le ferma. Alors l'eau s'arrêta de couler au plafond. On n'entendit qu'un plic-plic, ploc-ploc, plic-plic, puis de tout petits plic... plic... plic... et enfin plus rien du tout.
« Ouf ! C'est 6 ! » soupira Mme Bonami.
Mais Amélie sanglotait toujours. Joseph 7 dans la chambre.
De grosses 8 roulaient sur les joues d'Amélie et trempaient sa couverture.
« Elle est mouillée, cria Joseph, et son lit est tout trempé aussi. Je 9 que c'est pour ça qu'elle pleure. »
Lorsqu'Amélie fut changée, on l'installa sur le 10 du salon, à côté de Joseph. Mme Bonami donna un biscuit à chacun. Quand papa et maman rentrèrent, les deux enfants dormaient profondément.

D'après S. Huyghes, *Une soirée mouvementée,* Éd. Gallimard.

Un mot deviné = 1 point.

1 - DÉTECTEUR D'ANOMALIES

Certains mots de l'histoire ont été volontairement changés et ne conviennent plus du tout : lesquels ?

A qui appartient le chien trouvé ?

Michaël et son grand frère ont trouvé un petit chien. Ils arrivent à la gendarmerie pour savoir si quelqu'un est venu réclamer le chien.

« Bonjour les enfants ! Qu'est-ce qui vous amène ? interrogea le brigadier en les voyant entrer.
— Bonjour monsieur ! répondirent-ils. On vient de fabriquer ce petit chien, continua Frédéric en posant le panier devant le vendeur.
— Où avez-vous trouvé cette petite guitare ?
— Dans le bois des Aubrets ; on cherchait des crabes et Michaël l'a entendu miauler ; il a dû se perdre.
— Tiens, il se réveille !... C'est un caniche couleur beige ; personne n'a déclaré sa disparition, je crois ; ça ne me dit rien... Mais reniflez un instant, je vais nager, dit-il en ouvrant un grand cahier. Non, pas de train perdu, déclara-t-il au bout de quelques années. Avait-il un nez ou une corde autour du cou ?
— Non, rien du tout ! »

A suivre...

Un mot détecté = 1 point.

2 - DÉTECTEUR D'ANOMALIES

Certains mots de l'histoire ont été volontairement changés et ne conviennent plus du tout : lesquels ?

A qui appartient le chien trouvé ? *(suite et fin)*

Le gendarme examine le petit chien trouvé par Michaël et Frédéric pour savoir qui est son maître.

« Voyons un peu s'il a un tatouage, on pourrait ainsi identifier son maître, dit-il en s'emparant du petit rhinocéros. Rien à cette oreille, à l'autre non plus, déclara-t-il en lui soulevant les oreilles ; aucune automobile nulle part ; cela ne va pas être facile de retrouver ses pieds...
— On peut le manger, alors ? demanda timidement Michaël.
— Pas tout de suite, on peut le réclamer dans les jours qui viennent. Mon pauvre toutou, dit-il en s'adressant au chien, tu as dû en faire des kilomètres pour être dans cet état !... Puis il nagea : je pense qu'il n'est qu'épuisé et qu'il lui faut avant tout un bon nuage et une bonne gamelle d'eau pour le remettre sur ses roues... Allez les enfants, je vous le confie, je suis sûr que vous prendrez bien soin de lui ! Si son maître se manifeste, je vous tiendrai au courant !
— Chouette ! s'écria Michaël en tapant dans ses œufs, merci !... Puis, subitement endormi, il se tourna vers son frère ?
— Tu crois que Papa et Maman seront d'accord ?
— Sûrement ! Ne t'en fais pas ! Allez viens !... Au revoir, Docteur ! »

D'après D. Gardé, *Caramel, le gentil caniche,* Éd. Hemma.

Un mot détecté = 1 point.

3 - DÉTECTEUR D'ANOMALIES

Certains mots de l'histoire ont été volontairement changés et ne conviennent plus du tout : lesquels ?

Premiers exploits d'un cycliste

Ivan ne sait pas faire de vélo. Il décide cependant de prendre le grand vélo noir de sa mère. Alors qu'il est là, sur la selle, ne sachant comment s'y prendre, un garçon arrive. Il pousse la bicyclette dans la rue en pente. Voilà Ivan dévalant la rue, agrippé au guidon. En bas de la rue, c'est le port. Deux pêcheurs à la ligne sont installés sur la jetée.

Les deux pêcheurs du dimanche furent pris de panique en voyant Ivan écrire à toute vitesse.
« Mon Dieu !, crièrent-ils. Il vient droit sur nous. Au feu ! »
Du coup ils lâchèrent leur pipe, leur canne à pêche et leur chapeau et plongèrent la tête la première dans l'escalier.
Ivan arriva sur la jetée en faisant des zigzags.
« Aïe, soupira-t-il. Je vais me moucher. »
Et il tomba dans l'eau avec son grand métro noir.
Mais Ivan ne se noya pas. L'un des pêcheurs du dimanche le repêcha au bout de son peigne.
« Écoute-moi bien, grogna le loup en tenant Ivan devant une pancarte plantée à l'entrée de la jetée. Tu ne sais pas lire mon petit ?
— Non, répondit Arthur.
— Eh bien, fit le pêcheur, je vais le lire pour toi ! Il est inscrit : les tigres sont interdits sur la jetée.
— De nos jours, les enfants n'apprennent même plus à dormir en classe. A l'école, ils ne font que s'amuser, dit l'autre pêcheur en se hissant sur la jetée. »

D'après O. L. Kirkegaard, *Tarzan à la gomme,* Éd. F. Nathan.

Un mot détecté = 1 point.

CHAPITRE
4

ANT

Je bâtis les phrases

1 - LES PHRASES COUPÉES

Trouve la fin de chaque phrase.
Exemple : 1 + j, tu écris 1 j.

1. Le soleil
2. La nageuse
3. Les canards
4. Les étoiles
5. Les pompiers
6. Les gouttes de pluie
7. Le chien
8. La pie
9. Les élèves
10. Les pilotes de moto de course
11. Une fumée épaisse

a) ronge un os.
b) nagent dans la mare.
c) scintillent dans la nuit.
d) apprennent leurs leçons.
e) ruissellent sur la vitre.
f) sautille de branche en branche.
g) montent sur la grande échelle.
h) sort de la cheminée.
i) plonge dans la piscine.
j) disparaît derrière les nuages.
k) portent un gros casque.

Une bonne réponse = 1 point.

2 - LES PHRASES COUPÉES

Trouve la fin de chaque phrase.

1. Les parachutes
2. Le maçon
3. Les touristes
4. Le lapin
5. Les poules
6. Le facteur
7. Les papillons
8. L'éléphant
9. Le moineau
10. L'avion

a) est prêt à décoller.
b) picorent les graines.
c) distribue le courrier.
d) voltigent de fleur en fleur.
e) balance sa trompe.
f) s'ouvrent un à un.
g) ébouriffe ses plumes.
h) admirent le paysage.
i) construit un mur.
j) dresse les oreilles au moindre bruit.

Une bonne réponse = 1 point.

3 - LES PHRASES COUPÉES

Trouve la fin de chaque phrase.

1. Les voitures
2. L'alpiniste
3. Le moteur
4. Le cinéaste
5. Le chat
6. La balle
7. Le peintre
8. Le merle
9. Les enfants
10. Les escargots

a) tourne un film.
b) nettoie ses pinceaux.
c) bâtit son nid.
d) dérapent sur le sol gelé.
e) construisent une cabane.
f) grimpe le long du rocher.
g) rebondit sur le sol.
h) se promènent par temps de pluie.
i) attrape la souris.
j) refuse de démarrer.

Une bonne réponse = 1 point.

4 - LES PHRASES COUPÉES

Trouve la fin de chaque phrase.

1. De gros flocons de neige
2. Le renard
3. Les pneus
4. Ton crayon
5. Le jardinier
6. Le robinet du lavabo
7. La sonnerie du téléphone
8. L'automobiliste
9. Les phares de la voiture
10. Les footballeurs

a) claque la portière
b) est mal taillé.
c) coule goutte à goutte.
d) tourbillonnent dans le ciel.
e) ont gagné la partie.
f) se glisse dans le poulailler.
g) ne sont pas assez gonflés.
h) éblouissent le conducteur.
i) tond la pelouse.
j) retentit dans la nuit.

Une bonne réponse = 1 point.

1 - BRIC-A-BRAC

3 à 6 mots

1) Reconstruis les phrases en plaçant les mots dans l'ordre.
Un conseil : sers-toi des majuscules et de la ponctuation.
2) Une phrase est illustrée : laquelle ?

1	complet.	est	L'autobus			
2	arrête	l'automobiliste.	gendarme	Le		
3	au	passe	Le	vert.	feu	
4	ce	A	appartient	qui	stylo ?	
5	les	clown	spectateurs.	Le	amuse	
6	rend	glissante.	pluie	la	route	La
7	sans	Les	leurs	naissent	piquants.	hérissons
8	se	dans	L'hippopotame	roule	boue.	la
9	au-dessus	troupeau.	aigles	volent	Les	du

Une bonne réponse = 1 point.

2 - BRIC-A-BRAC

6 et 7 mots

1) Reconstruis les phrases en plaçant les mots dans l'ordre.
2) Une phrase est illustrée : laquelle ?

1	cachent	De	soleil.	nuages	gros	le	
2	devant	La	s'envole	perdrix	chasseur.	le	
3	entourés	Les	fossés.	châteaux-forts	sont	de	
4	beaucoup	forêt.	Il	sur	a	la	neigé
5	leur	Indiens	poussent	guerre.	cri	de	Les
6	dans	Le	virage.	dérapé	camion	a	le
7	parents.	l'école	de	Le	reçoit	Directeur	les
8	à	prend	sœur	l'auto-école.	leçons	Ma	des
9	toujours	peau	mouillée.	La	dauphins	est	des

Une bonne réponse = 1 point.

3 - BRIC-A-BRAC **7 à 9 mots**

1) Reconstruis les phrases en plaçant les mots dans l'ordre.
2) Une phrase est illustrée : laquelle ?
3) Écris cinq phrases comportant un ou deux mots dans les phrases proposées.

1 | marcher | équilibristes | Les | corde. | sur | savent | une |

2 | branches | fleurs. | pommier | Les | de | couvrent | du | se |

3 | l'arbre. | mange | noisettes | haut | L'écureuil | des | en | de |

4 | hutte | castor | avec | sa | branchages. | Le | bâtit | des |

Une bonne réponse = 1 point.

1 - PHRASES MÉLANGÉES

Place les groupes de mots dans l'ordre pour retrouver deux phrases.

1 des eskimos | Le vent | avec des blocs de glace.
qu'il rougit | est si froid
La maison | est construite | le bout du nez.

2 peut contenir | Le reportage | de traîneaux
sur les chiens | 85 voitures.
du premier sous-sol | Le parking | était passionnant.

3 de se pencher | On mange
par la portière | Il est dangereux | la galette des rois
le premier dimanche | d'une voiture. | de janvier.

4 du château. | a transformé | un trésor
en princesse. | La fée | ont découvert
la grenouille | Les enfants | dans les ruines

5 que tous les animaux | La journaliste | rugit
les témoins | Le lion | tremblent.
a interrogé | de l'accident. | si fort

Une phrase reconstruite = 1 point.

2 - PHRASES MÉLANGÉES

Place les groupes de mots dans l'ordre pour retrouver deux phrases.

1

a dévoré	un bonhomme	Les enfants
plus grand	Le moineau	que leur père.
de neige	toutes les cerises.	ont fait

2

sur la plage.	de moto	sur des circuits.
Un concours	ont lieu	de sable
de châteaux	est organisé	Les courses

3

ont souvent peur	du 23 juin	de l'année.
La nuit	Les animaux	est la nuit
de l'orage.	la plus courte

4

sont surpris	a mis	Les promeneurs
par la pluie.	les valises
La conductrice	dans le coffre de la voiture.

5

s'agrippe	et se balance.
ont préparé	pour l'hiver.	à une branche
Le singe	Les fourmis	leurs provisions

Une phrase reconstruite = 1 point.

CHAPITRE 5

ATF | C

Je bâtis les histoires

1 - BIP... BIP... LIGNES BROUILLÉES

Rétablis l'histoire en remplaçant les lignes brouillées par une des lignes données plus bas.
Exemple : ligne brouillée n° 2 = ligne F, tu écris 2 F.

Une histoire pour rire

Trois matelots se rencontrent au cours
1 bip ....
« Notre bateau est si grand, dit le premier,
2 bip ....
3 bip ....
— Le mien, c'est encore mieux, dit le second,
4 bip ....
à l'autre du bateau.
Et le troisième tout fier, réplique :
5 bip ....
sous-marin pour aller voir au fond de la
6 bip ....

Lignes à replacer

A nous avons un hélicoptère pour aller d'un bout
B d'une permission et discutent :
C marmite si les carottes sont cuites !
D l'autre.
E — Eh bien, sur le mien, le cuisinier a un
F qu'il faut une jeep pour aller d'un bout à

Une ligne replacée = 2 points.

2 - BIP... BIP... LIGNES BROUILLÉES

Rétablis l'histoire en remplaçant les lignes brouillées par une des lignes données plus bas.

Scamp, le petit chien, a beaucoup à apprendre.

Scamp n'était qu'un chiot ; il avait beaucoup à
apprendre. Pourtant il se débrouillait bien et en
savait déjà beaucoup. Par exemple, il avait appris
qu'il adorait ronger les os. Mais quelquefois,
1 bip ....
jour, on lui avait donné cinq os et il ne savait
2 bip ....
se les faire prendre.
« Je suis sûr que papa m'a dit quelque chose sur la
manière de conserver les os en trop,
3 bip ....
Scamp. Soudain, il se rappela : quand les
4 bip ....
jusqu'au moment où ils en ont besoin. C'est ce
5 bip ....
Il apprenait vite, le petit Scamp !

W. Disney, *300 petites histoires*, Éd. F. Nathan.

Lignes à replacer

A chiens ont trop d'os à la fois, ils les enterrent
B cela lui posait des problèmes. Ainsi un
C qu'il fit.
D mais je n'arrive pas à m'en souvenir », songea
E comment les garder en réserve sans risquer de

Une ligne replacée = 2 points.

3 - BIP... BIP... LIGNES BROUILLÉES

Rétablis l'histoire en remplaçant ce qui est brouillé par un des passages donnés plus bas.

Un monstre pas comme les autres

Près du village, un monstre habite dans une caverne noire. Un jour, les villageois décident de se débarrasser de lui. Ils se mettent en marche vers la caverne, armés de briques : ils veulent les jeter à la tête du monstre.

Justement, ce jour-là, le monstre a décidé de faire la grasse matinée

1 bip ....

2 bip ....

« Enfin, des visites ! Je suis seul depuis si longtemps ! »
Il met une chemise propre et une cravate. Puis il ouvre la porte en

3 bip ....

« Entrez, entrez, j'ai du café tout frais. Je suis si content de vous

4 bip ....

Mais personne ne comprend son langage de monstre. On n'entend qu'un

5 bip ....

brique, chacun s'enfuit à toutes jambes.

6 bip ....

« Avec toutes ces briques, je vais me construire une maison. Je

7 bip ....
8 bip ....

Alors le monstre met un tablier de maçon, il prend des outils, du
9 bip ....

Il déménage du fond de la caverne et il s'installe tout heureux
10 bip ....

D'après M. Mahy, Le Monstre de la caverne noire,
Les belles histoires de Pomme d'api, n° 190, juillet 1988.

Passages à replacer

A voir ! »
B disant bonjour avec un grand sourire. Il propose :
C et de relire son livre préféré dans son lit en buvant du jus d'orange.
D dans sa jolie maison de monstre.
E Tout à coup, il entend un bruit de pas qui se rapproche et il pense :
F toujours des rhumes. »
G ciment et il se fait une maison avec les briques.
H Le monstre se retrouve tout seul. Il se dit :
I mélange de cris et d'horribles grognements. Chacun laisse tomber sa
J vais enfin pouvoir déménager et quitter cette caverne noire où j'attrape

Une ligne replacée = 1 point.

1 - HISTOIRE PUZZLE

Seul le dernier passage est à sa place.
Retrouve l'histoire en numérotant les autres passages.

La journée de Winnie l'ourson

A	Quand il a digéré, il est quatre heures : c'est l'heure du goûter. Il remange, redigère, redort...
B	Quand il se réveille, il est huit heures du soir :
C	A midi, il déjeune. Il mange beaucoup car le sommeil du matin donne bon appétit.
D	Winnie l'ourson est un ourson très occupé. Le matin, il dort jusqu'à midi.
E	Après déjeuner, il fait la sieste : rien de meilleur pour digérer.
6 F	c'est l'heure du dîner. Il reremange, et c'est l'heure du coucher. Qu'est-ce que je vous disais ? Winnie est un ourson très occupé.

D'après W. Disney, *Winnie l'ourson,* F. Nathan.

Un passage replacé = 2 points.

2 - HISTOIRE PUZZLE

Retrouve l'histoire en numérotant les passages.

Dumbo sauve la situation

A En entendant cet appel, Dumbo l'éléphant accourt. « Fais-toi une voile de ton manteau et je vais souffler vers le rivage », barrit Dumbo, et il joint le geste à la parole. Pouf ! Pouf ! Pouf !

B « Dumbo ! Dumbo, crient alors les enfants. Viens aider Bimbo ! »

C Bimbo le clown était parti en mer dans son bateau à rames. Jolie balade ! Mais voilà qu'il perd un aviron et ne peut plus regagner le rivage.

D « Hourra pour Bimbo ! » applaudissent les enfants. Bimbo est arrivé juste à temps pour le début du spectacle, tout le monde était content, mais le pauvre Dumbo était hors d'haleine.

E Mauvaise affaire pour Bimbo ; mais pire encore pour les enfants qui devaient aller au cirque cet après-midi-là et comptaient sur Bimbo pour les faire rire !

W. Disney, *300 petites histoires,* F. Nathan.

Un passage replacé = 2 points.

3 - HISTOIRE PUZZLE

**Seul le premier passage de cette histoire est à sa place.
Retrouve l'histoire en numérotant les autres passages.
Aide-toi des dessins qui, eux, sont dans l'ordre.**

Pierre et le loup

1 A Il était une fois un petit garçon qui s'appelait Pierre. Il passait ses vacances à la campagne chez son grand-père. Un matin, il se glissa hors de la maison et alla se promener dans la prairie. Il y rencontra un oiseau, un canard et un chat. Il s'amusait avec eux lorsque son grand-père arriva.
« C'est un endroit très dangereux, gronda-t-il, fâché. Que ferais-tu si un loup sortait de la forêt ? »

B Maintenant, imaginez la situation ! Le chat était assis sur une branche de l'arbre. L'oiseau, sur une autre, loin du chat, naturellement. Quant au loup, il tournait autour du bouleau et les regardait tous deux avec des yeux brillants de gourmandise !

C Le canard, lui, poussa des « coin-coin » épouvantés et se mit à courir. Mais il eut beau courir, courir, plus vite, de plus en plus vite, le loup le rejoignit facilement et n'en fit qu'une seule bouchée.

D A peine la porte fermée un grand loup gris apparut à la lisière de la forêt !

E Pierre répondit qu'il n'avait pas peur des loups, mais son grand-père l'emmena fermement par la main et referma à clé la porte du jardin.

F En un clin d'œil, le chat et l'oiseau se réfugièrent dans l'arbre.

A suivre...

4 - HISTOIRE PUZZLE

Seul le premier passage est à sa place.
Retrouve l'histoire en numérotant les autres passages.
Aide-toi des dessins !

Pierre et le loup *(suite et fin)*

1 A Pierre, derrière la barrière du jardin, avait assisté à tout le drame. Loin d'être effrayé, il courut à la maison, prit une longue corde, puis il escalada le mur du jardin.

B L'oiseau s'envola et se mit à papillonner autour des oreilles du loup : un coup d'aile par-ci, un coup d'aile par-là. Ah ! comme le loup aurait bien voulu l'attraper ! Mais le petit oiseau était beaucoup trop malin et trop agile !

C C'est ainsi que Pierre et le courageux petit oiseau attrapèrent le loup. Lorsque les chasseurs arrivèrent, ils n'eurent plus qu'à emporter le loup.

D De là, il agrippa une branche du bouleau et se hissa, lui aussi, dans l'arbre. Alors, il chuchota à l'oiseau : « Va vite voltiger autour de la tête du loup, mais prends bien garde à ses dents ! »

E Le loup, prisonnier, se démena comme un fou. Mais plus il remuait, plus le nœud se resserrait autour de sa queue, car Pierre avait attaché l'autre extrémité de la corde à une branche.

F Pendant ce temps, Pierre avait fait un nœud coulant à sa corde. Avec mille précautions, il fit descendre très doucement cette boucle et la glissa autour de la queue du loup. Puis, hop ! hop ! hop ! il tira, tira, tira de toutes ses forces.

D'après *Pierre et le loup,* F. Nathan.

Un passage replacé = 2 points.

5 - HISTOIRE PUZZLE

Retrouve l'histoire en numérotant les passages.

La nouvelle maison de Tic et Tac

A	Leur maison devint jolie et ils travaillaient du matin au soir pour la tenir propre jusqu'à ce qu'un jour Tic dise à Tac :
B	Ils décidèrent d'y faire leur logis : ils y ouvrirent des portes et des fenêtres, fabriquèrent des rideaux et des meubles et achetèrent de la vaisselle.
C	Tac trouva que Tic avait raison. Alors les deux copains décidèrent de retourner vivre dans les branches des arbres et de garder leur maison pour la montrer aux amis.
D	Un été, Tic et Tac, les écureuils, trouvèrent un arbre creux près de la rivière.
E	« Avec tout ce ménage à faire, nous n'avons plus le temps de sortir et de nous amuser. »

W. Disney, *300 petites histoires,* F. Nathan.

Un passage replacé = 2 points.

6 - HISTOIRE PUZZLE

Seul le premier passage est à sa place.
Retrouve l'histoire en numérotant les autres passages.

Marchand de clefs

Oui-Oui, le pantin de bois, conduit M. Fagotin, un singe, dans son taxi. Aujourd'hui, Oui-Oui et M. Fagotin arrivent à Circusville pour vendre des clefs aux clowns mécaniques.

1 A Les rues de Circusville étaient pleines de clowns mécaniques. Ils faisaient la culbute, marchaient sur les mains et couraient en tous sens.
« Arrête-toi sur la place du Marché, ordonna M. Fagotin à Oui-Oui. »

B — Non, répliqua M. Fagotin. Nous passerons la nuit à Circusville. Sait-on jamais ? Peut-être vendrons-nous quand même quelques clefs. »

C La place du Marché était très animée. M. Fagotin se mit debout sur la banquette du taxi.
« Achetez mes clefs ! cria-t-il. Mes belles clefs neuves et brillantes. Elles vous rendront service si vous perdez la vôtre. »

D — Je crois qu'il a raison, intervint Oui-Oui. Allons ailleurs.

E Toute la journée, ils se promenèrent à travers le marché. Oui-Oui s'amusa comme un fou.

F Aucun acheteur ne se présenta. Un clown mécanique retira la clef de son dos et la brandit sous le nez de M. Fagotin.
« Nous ne perdons jamais nos clefs. J'ai la mienne depuis quinze ans. Vous ne gagnerez pas un sou, ici, monsieur le singe.

A suivre...

Un passage replacé = 2 points.

7 - HISTOIRE PUZZLE

Retrouve l'histoire en numérotant les passages.

Marchand de clefs *(deuxième partie)*

M. Fagotin n'a pas vendu de clefs mais Oui-Oui, lui, s'est bien amusé. Le soir arrive.

A Il glissa un œil hors de la voiture. Non. Le singe n'avait rien entendu. Sa queue dépassait tranquillement de la tente. Oui-Oui se recoucha.
« Je suis bien content que M. Fagotin soit à côté de moi », pensa-t-il.

B « Mon Dieu ! s'exclama-t-il. Qu'est-ce que c'est ? Que se passe-t-il ? Est-ce que M. Fagotin a entendu quelque chose ? »

C Bientôt, il fut l'heure d'aller se coucher. M. Fagotin planta sa tente dans un pré. Oui-Oui tombait de sommeil. Il se pelotonna sur le siège avant de son taxi et s'endormit.

D Le lendemain matin, M. Fagotin plia sa tente et la rangea avec son sac à l'arrière du taxi.
« Nous allons faire un tour en ville » déclara-t-il.

E Au milieu de la nuit, il fut réveillé par des cris stridents.

A suivre...

Un passage replacé = 2 points.

8 - HISTOIRE PUZZLE

Seul le premier passage est à sa place.
Retrouve l'histoire en numérotant les passages.

Marchand de clefs *(troisième partie)*

M. Fagotin est de retour à Circusville où, la veille, il n'avait pas réussi à vendre de clefs. Il est accompagné de son chauffeur de taxi : Oui-Oui.

1 A Dès que la voiture entra dans Circusville, les clowns mécaniques se précipitèrent à la rencontre de M. Fagotin.

B « Je voudrais aussi des clefs pour deux de mes amis ! hurla un autre. On leur a volé les leurs !

C M. Fagotin distribua des clefs à la ronde. Il empochait l'argent avec un grand sourire.
« Maintenant, au revoir, dit-il. Je suis heureux de vous avoir rendu ce service. En route, Oui-Oui. »

D — Pas cher ? répliqua un clown d'une voix furieuse. D'habitude, nous les achetons dix sous ; mais tant pis, nous ne pouvons pas nous en passer. »

E — Tiens ! Tiens ! s'exclama M. Fagotin d'un ton surpris. Quelle chance que nous soyons restés à Circusville ! Vingt sous la pièce ! Mes belles clefs brillantes ! Ce n'est pas cher.

F « Hep, cria l'un d'eux. Avez-vous encore des clefs ? Cette nuit, on a volé celle de mon frère. Il lui en faut une nouvelle. Si on ne le remonte pas, il ne pourra plus marcher.

D'après E. Blyton, *Oui-Oui part en voyage,* Éd. Hachette.

Un passage replacé = 2 points.

... Va plus loin... Devine qui a volé les clefs.

CHAPITRE 6

ATF | V

Je découvre les histoires

1 - LIS VITE ET COMPRENDS BIEN !

Lis sans perdre de temps. Attention, tu dois ensuite répondre à des questions sans regarder le texte.

Une surprise dans les bois

Michaël, un garçon de huit ans, et son grand frère, Frédéric, cherchent des champignons dans les bois. Soudain, ils entendent un bruit étrange.

Les deux frères tendirent l'oreille, retenant leur souffle et distinguèrent un faible bruit, une sorte de gémissement.
« On dirait que ça vient de par là-bas, indiqua Frédéric en montrant un buisson à quelques mètres d'eux ; suis-moi, on va aller voir, mais ne fais pas de bruit !
— On n'entend plus rien ! On a dû se tromper ! déclara Michaël.
— Chut ! Écoute ! » ordonna Frédéric.
Au bout de quelques secondes, une espèce de longue plainte se fit entendre près d'eux.
Michaël, pensant avoir repéré l'endroit, s'élança.
« Attention ! recommanda Frédéric, on ne sait pas ce que c'est ; sois prudent !...
— Ça alors ! s'exclama Michaël, on dirait un chien ! »
Frédéric s'approcha à son tour d'une petite boule de poils de couleur claire.
« Tu as raison, c'est bien un chien, mais dans quel état !... Ne le touche pas, attends ! Laisse-moi le voir d'abord, il doit être malade ou peut-être même enragé, on ne sait jamais ! »

A suivre...

QUESTIONS

Choisis et note ta réponse (a, b ou c).

1 Où se passe l'histoire ?
- **a** au bord de la mer
- **b** dans les bois
- **c** en ville

2 Frédéric et Michaël sont :
- **a** frères
- **b** cousins
- **c** amis

3 Quel est le bruit entendu par Michaël et Frédéric ?
- **a** un coup de tonnerre
- **b** un coup de fusil
- **c** une sorte de gémissement

4 Quel est l'animal découvert par Frédéric et Michaël ?
- **a** un chat
- **b** un chien
- **c** un écureuil

5 Lorsqu'il voit l'animal, Frédéric dit à Michaël :
- **a** Ne le touche pas.
- **b** Caresse-le.
- **c** Donne-lui un sucre.

Une bonne réponse = 2 points.

2 - LIS VITE ET COMPRENDS BIEN !

Lis sans perdre de temps. Attention, tu dois ensuite répondre à des questions sans regarder le texte.

Une surprise dans les bois *(suite et fin)*

Michaël et son grand frère, Frédéric, trouvent un chien en se promenant dans les bois.

Frédéric s'approcha du petit animal ; il avait les yeux fermés et semblait respirer faiblement ; de temps en temps il laissait échapper un faible gémissement.
« Il n'a pas l'air en forme, le pauvre ! murmura Frédéric.
— Tu crois qu'il est blessé ? demanda Michaël, inquiet.
— Je vais te le dire tout de suite », répondit Frédéric en se penchant vers la petite bête. Il lui caressa doucement la tête et le chien ouvrit les yeux, jeta un regard implorant à Frédéric, puis les referma en gémissant à nouveau ; le jeune homme l'examina attentivement.
« Il ne semble pas blessé, constata-t-il, il doit plutôt être épuisé ; regarde, il est couvert de boue !
— On ne va pas le laisser mourir ! Il faut le ramener à la maison ! déclara Michaël, très ému.
— Bien sûr ! Mais d'abord, il faut aller à la gendarmerie ; s'il est perdu, son maître a dû déclarer sa disparition. Allez, en route ! » dit Frédéric en prenant le petit chien dans ses bras.
Aussitôt dit, aussitôt fait. Quelques minutes plus tard, les deux enfants remontaient sur leur bicyclette et roulaient en direction du village.

D'après D. Gardé, *Caramel, le gentil caniche,* Éd. Hemma.

QUESTIONS

Choisis et note ta réponse (a, b ou c).

1 Que fait le chien quand Frédéric le caresse ?

- **a** Il essaye de se cacher.
- **b** Il grogne d'un air méchant.
- **c** Il le regarde d'un air implorant.

2 Que dit Frédéric après avoir examiné le chien ?

- **a** Il est blessé à la patte.
- **b** Il est très fatigué.
- **c** Il a été mordu par une vipère.

3 Que décide de faire Frédéric ?

- **a** Prendre le chien et aller à la gendarmerie.
- **b** Laisser le chien et revenir le chercher en voiture.
- **c** Emmener tout de suite le chien chez lui.

4 Comment Frédéric et Michaël repartent-ils vers le village ?

- **a** à pied
- **b** à moto
- **c** à bicyclette

5 Une de ces trois phrases pourrait se trouver dans l'histoire : laquelle ?

- **a** Le chien semblait avoir parcouru de nombreux kilomètres.
- **b** L'oiseau battait des ailes mais n'arrivait pas à s'envoler.
- **c** Michaël regardait le train s'éloigner de la gare.

Une bonne réponse = 2 points.

3 - LIS VITE ET COMPRENDS BIEN !

Lis sans perdre de temps. Attention, tu dois ensuite répondre à des questions sans regarder le texte.

Un visiteur inattendu

Michaël, un petit garçon de huit ans, est tombé de vélo. Rien de grave mais il doit rester en observation une journée, à la clinique. Un camarade, William, vient le voir.

La porte s'ouvrit et William entra.
« Bonsoir Michaël ! Tu n'as pas trop mal ?
— Non, ça va !
— Je t'ai apporté une surprise, regarde ! dit-il, en posant sur le lit un panier recouvert d'une serviette éponge.
— Qu'est-ce que c'est ? demanda-t-il, intrigué.
— N'aie pas peur, soulève le tissu ! »
Juste au moment où Michaël approchait la main, la tête de Caramel apparut et le petit chien s'élança hors de sa cachette pour sauter sur son petit maître.
« Doucement ! Doucement, Caramel ! J'ai mal au bras tu sais gronda-t-il en riant, tandis que le caniche frétillait de joie et le léchait.
— Ne faites pas de bruit, les enfants ! recommanda sa maman, Caramel n'a pas le droit d'être ici. D'ailleurs, attention, il me semble que j'entends quelqu'un ! »

A suivre...

QUESTIONS

Choisis et note ta réponse (a, b ou c).

1 Où se passe l'histoire ?
- **a** chez Michaël
- **b** chez le médecin
- **c** dans une clinique

2 Comment s'appelle le copain de Michaël ?
- **a** William
- **b** Éric
- **c** Rachid

3 Où le copain de Michaël a-t-il mis la surprise ?
- **a** dans son cartable
- **b** sous son anorak
- **c** dans un panier

4 Quelle est la surprise apportée par le copain de William ?
- **a** le chien de Michaël
- **b** un gâteau au chocolat
- **c** une bande dessinée

5 Que dit la maman de Michaël ?
- **a** « Caramel doit sortir immédiatement. »
- **b** « Caramel n'a pas le droit d'être ici. »
- **c** « Caramel est insupportable. »

Une bonne réponse = 2 points.

4 - LIS VITE ET COMPRENDS BIEN !

Lis sans perdre de temps. Attention, tu dois ensuite répondre à des questions sans regarder le texte.

Un visiteur inattendu *(suite et fin)*

Caramel, le chien de Michaël, est entré en cachette dans sa chambre, à la clinique. Mais quelqu'un arrive...

« Vite, Caramel, cache-toi dans le lit, chuchota Michaël en poussant le chien sous les draps, et surtout ne bouge pas !... »
Il était temps, une infirmière ouvrait la porte...
« C'est bien, je vois que tu as de la compagnie... Si tu as besoin de quelque chose, appelle-moi.
— Merci, madame », dit Michaël à l'infirmière.
Juste au moment où elle allait sortir de la chambre, Caramel se mit à bâiller bruyamment...
Elle se retourna et regarda Michaël :
« Qu'est-ce que c'est ? Tu as entendu ?
— Oui ! Ce n'est rien ! répondit-il en regardant William qui se retenait de rire. C'est William, mon copain, il s'amuse à imiter les chiens.
— Il est doué, dis donc, ton copain ; ce n'est pas mal imité... répondit-elle en sortant, au grand soulagement des enfants, qui éclatèrent de rire, et de la maman de Michaël qui ne put s'empêcher de se joindre à eux.
— Ouf ! On a eu chaud !... déclara William en se ressaisissant le premier ; je crois que je ferais bien de ramener Caramel chez toi avant qu'il ne se fasse remarquer !... »

D'après D. Gardé, *Caramel, le gentil caniche,* Éd. Hemma.

QUESTIONS

Choisis et note ta réponse (a, b ou c).

1 Où Michaël cache-t-il Caramel ?
- **a** sous les draps
- **b** sous le lit
- **c** dans un placard

2 Que fait Caramel dans sa cachette ?
- **a** Il aboie.
- **b** Il bâille bruyamment.
- **c** Il éternue.

3 Michaël dit à l'infirmière que le bruit entendu a été fait :
- **a** par un autre malade
- **b** par Caramel
- **c** par son copain

4 L'infirmière sort de la pièce sans avoir découvert Caramel
- **a** vrai
- **b** faux

5 Que va faire William avec Caramel ?
- **a** Il va le laisser à la clinique, bien caché.
- **b** Il va l'emmener passer la nuit chez lui.
- **c** Il va le ramener chez Michaël.

Une bonne réponse = 2 points.

5 - LIS VITE ET COMPRENDS BIEN !

Lis sans perdre de temps. Attention, tu dois ensuite répondre à des questions sans regarder le texte.

Le cartable de Pélagie

Pélagie a un splendide cartable qui représente un lion. Elle ne veut le prêter à Barnabé, un camarade de sa classe, que s'il réussit pour elle des choses difficiles et défendues !

« Si tu veux mon cartable, cueille-moi la feuille la plus haute, décide Pélagie en lui montrant le grand marronnier de la cour de récréation.
— Tu es folle ! C'est défendu...
Pélagie pince la bouche :
— Comme tu veux Barnabé, mais ne viens pas me demander mon cartable ! »
Et elle lui tourne le dos. Barnabé ne le supporte pas. Il court au marronnier, commence l'escalade... Les maîtres et les maîtresses bavardent sous le préau. Ils ne voient rien. L'arbre est immense. Barnabé a un peu le vertige. Il ferme les yeux, se cramponne.
Ses copains l'encouragent, la tête en l'air.
« Allez Barnabé, allez !
Ils vont le faire repérer.
— Éloignez-vous ! crie-t-il. Partez ! »
Voici enfin le sommet. Barnabé prend des risques. La dernière branche est très mince, très souple. Il va tomber ! Non... Il se rétablit, avance la main une fois, deux fois, trois fois... ça y est ! Il a arraché la feuille la plus haute du marronnier ! Il la met entre ses dents. Tiens, la balle que Sérafine a perdue hier est là, coincée entre deux branches. Barnabé la déloge et la lance en bas sous les applaudissements. Ensuite, il se laisse glisser au sol.

A suivre...

QUESTIONS

Choisis et note ta réponse (a, b ou c).

1 Où se passe l'histoire ?
a au zoo
b dans une cour de récréation
c dans un jardin public

2 Que doit faire Barnabé pour avoir le cartable de Pélagie ?
a cueillir une châtaigne en haut de l'arbre
b dénicher un nid de pies en haut de l'arbre
c cueillir la plus haute feuille de l'arbre

3 Que trouve Barnabé en haut de l'arbre ?
a un cerf-volant
b une balle
c un petit avion

4 A qui appartient le jouet trouvé en haut de l'arbre ?
a à Sérafine
b à Mélanie
c à Pélagie

5 Que fait Barnabé du jouet trouvé en haut de l'arbre ?
a Il le laisse en haut de l'arbre.
b Il le lance par terre.
c Il le descend en le tenant d'une main.

6 - LIS VITE ET COMPRENDS BIEN !

Lis sans perdre de temps. Attention, tu dois ensuite répondre à des questions sans regarder le texte.

Le cartable de Pélagie *(suite et fin)*

Pour que Pélagie lui prête son cartable, Barnabé grimpe cueillir la feuille la plus haute de l'arbre de la cour de récréation. Il y trouve la balle de Sérafine, la lance puis redescend sur le sol.

Malheur ! Barnabé atterrit sur les pieds du maître, arrivé sur les lieux à cause des applaudissements.
« Il est interdit de monter aux arbres de la cour », dit une voix sévère.
Barnabé fixe le bout de ses baskets. Il a l'air fin maintenant ! Le maître va le punir, ses parents seront prévenus, il y aura plein d'histoires à la maison... Mais soudain on entend l'explication de Sérafine :
« C'est de ma faute, m'sieur. Je lui avais promis des bonbons s'il retrouvait ma balle. »
Surpris, Barnabé relève la tête. A présent il voit Pélagie. Juste à côté de Sérafine et l'air de ne pas être concernée du tout par l'histoire. Alors Barnabé décide de la vexer :
« Je voulais juste déloger la balle de Sérafine, dit-il. Et j'suis pas monté à cause des bonbons. »
Le maître est de bonne humeur aujourd'hui :
« Ne recommence pas. » Puis il s'éloigne.
Aussitôt Barnabé se tourne vers Pélagie en criant :
« La voilà, ta feuille, mais tu peux garder ton cartable. J'ai plus envie de le porter. »
Et il part jouer avec Sérafine.

D'après R. Pascale, G. Fiammenghi, *Le Cartable de Pélagie,* Éd. G.P.

QUESTIONS

Choisis et note ta réponse (a, b ou c).

1 Qu'arrive-t-il à Barnabé en arrivant à terre ?
- **a** Il se fait mal.
- **b** Il perd ses lunettes.
- **c** Il tombe sur les pieds du maître.

2 Que dit Sérafine au maître ?
- **a** « C'est de ma faute, m'sieur. »
- **b** « C'est de la faute de Pélagie, m'sieur. »
- **c** « S'il vous plaît, ne punissez pas Barnabé, m'sieur. »

3 En voyant ce qui se passe, que fait Pélagie ?
- **a** Elle fait comme si elle n'avait rien vu.
- **b** Elle apporte son cartable à Barnabé.
- **c** Elle se cache derrière ses camarades.

4 Que dit le maître à Barnabé ?
- **a** « Tu seras privé de récréation demain. »
- **b** « Je vais prévenir tes parents. »
- **c** « Ne recommence pas. »

5 Après le départ du maître, que dit Barnabé à Pélagie ?
- **a** « Tu peux garder ton cartable. »
- **b** « Alors, prête-le moi ton cartable. »
- **c** « Alors, donne-le moi ton cartable. »

7 - LIS VITE ET COMPRENDS BIEN !

Lis sans perdre de temps. Attention, tu dois ensuite répondre à des questions sans regarder le texte.

Firmin et Saturnin

Firmin et Saturnin sont des frères lapins. Firmin est né bien avant Saturnin, il est si grand ! Saturnin est né après Firmin, c'est le petit de la famille lapin. Firmin va à l'école lapin, il sait acheter tout seul une carotte fraîche pour son goûter. Il choisit ses vêtements le matin et il adore les bandes dessinées. Saturnin va à la crèche-lapin, il aime le serpolet et les petites voitures. Sa meilleure amie lapine s'appelle Séraphine et elle habite le terrier juste à côté.

Le terrier de la famille lapin n'est pas très grand. Firmin et Saturnin dorment ensemble. Quand on a mis le grand lit de Firmin et le petit lit à barreaux de Saturnin, le bureau pour travailler de Firmin et les étagères à jouets de Saturnin, il ne reste plus beaucoup de place, juste un peu pour se disputer !

Firmin grogne :

« Je ne veux plus dormir avec Saturnin, il fait des cauchemars la nuit et avec Séraphine il dérange toutes mes affaires !

Et Saturnin pleure :

— Firmin ne veut pas que j'entre dans ma chambre, il est tout le temps en train de lire et c'est lui qui allume la lumière le matin. »

A suivre...

QUESTIONS

Choisis et note ta réponse (a, b ou c).

1 Firmin aime beaucoup :
- **a** les dessins animés
- **b** les motos
- **c** les bandes dessinées

2 Comment s'appelle la meilleure amie de Saturnin ?
- **a** Séraphine
- **b** Samia
- **c** Clémentine

3 Où habite la meilleure amie de Saturnin ?
- **a** de l'autre côté du village
- **b** dans le terrier à côté de chez Saturnin
- **c** dans le même terrier que Saturnin mais à l'étage au-dessus

4 Où dort Saturnin ?
- **a** dans un grand lit
- **b** sur un canapé
- **c** dans un lit à barreaux

5 Quel est le problème de Firmin et de Saturnin ?
- **a** Leur chambre est trop petite.
- **b** Ils veulent une bicyclette.
- **c** Ils habitent trop loin de l'école.

Une bonne réponse = 2 points.

8 - LIS VITE, ET COMPRENDS BIEN !

Lis sans perdre de temps. Attention, tu dois ensuite répondre à des questions sans regarder le texte.

Firmin et Saturnin *(suite et fin)*

Firmin et Saturnin, les frères lapins, n'arrêtent pas de se disputer parce que leur chambre est trop petite.

Papa lapin en a assez :
« Arrêtez de vous chamailler ! On va s'asseoir et dis-cu-ter.
Firmin a une idée :
— On va dessiner un trait sur le tapis avec un très gros feutre, cela fera deux territoires et j'interdis à Saturnin de mettre les pattes chez moi ! »
Mais ce n'est pas une bonne idée : Saturnin ne pourrait pas aller au lit sans traverser le coin de Firmin et Firmin ne pourrait pas s'asseoir à son bureau sans déborder sur celui de Saturnin.
Maman lapin a une autre idée :
« Si on achetait des lits superposés ? Firmin dormirait en haut. On accrocherait une étagère pour ses bandes dessinées, Saturnin dormirait en bas et chacun aurait son coin bien à lui.
Mais Saturnin n'est pas d'accord :
— Je ne veux pas dormir dans un grand lit. Chez Mamie lapin, je suis tombé par terre !
Alors Firmin recommence à grogner :
— Il est vraiment trop petit, mon frère, je ne veux pas de lui dans ma chambre. »
Et Saturnin recommence à pleurer, il n'y a pas de solution ! A ce moment-là, Séraphine et sa maman viennent sonner, pour inviter Saturnin à venir jouer dans le grand champ. Elles s'assoient pour discuter : Séraphine a de la chance, elle a une chambre pour elle toute seule que personne ne vient déranger.
Alors, c'est Saturnin qui a une idée :
« Les jours où Firmin m'embêtera trop, je pourrai aller dormir chez Séraphine. »
Séraphine est tout à fait d'accord, sa maman aussi. Il n'y a que Firmin qui dit d'une toute petite voix :
« Et quelquefois, Séraphine pourra venir dormir aussi dans notre chambre. On trouvera bien de la place ! »

D'après G. Mounier, Firmin et Saturnin, *Pomme d'api,* n° 272, octobre 1988.

QUESTIONS

Choisis et note ta réponse (a, b ou c).

1 Que dit Papa lapin ?
- **a** On va déménager.
- **b** On va agrandir le terrier.
- **c** On va s'asseoir et discuter.

2 Quelle est l'idée de Firmin ?
- **a** Dessiner un trait sur le tapis pour partager la chambre en deux.
- **b** Construire un petit mur pour partager la chambre en deux.
- **c** Mettre un rideau pour partager la chambre en deux.

3 Quelle est l'idée de Maman lapin ?
- **a** Acheter des lits pliants.
- **b** Acheter des lits superposés.
- **c** Enlever le bureau de Firmin.

4 Pourquoi l'amie de Saturnin a-t-elle de la chance ?
- **a** Elle a beaucoup de jouets.
- **b** Elle va partir en vacances.
- **c** Elle a une chambre pour elle toute seule.

5 Quelle est l'idée de Saturnin ?
- **a** Aller dormir chez sa grand-mère.
- **b** Aller dormir chez sa meilleure amie.
- **c** Aller dormir dans la salle à manger.

Une bonne réponse = 2 points.

9 - LIS VITE ET COMPRENDS BIEN !

Lis sans perdre de temps. Attention, tu dois ensuite répondre à des questions sans regarder le texte.

Le départ de Pauline

« Non, tu ne mettras pas tes souliers vernis pour sortir, il pleut ! disait maman.
— Mais les bottes me font mal aux pieds, pleurnichait Pauline.
Sa mère ne voulut rien entendre.
— Je partirai, lui dit Pauline. Je chercherai une autre maman, une maman plus gentille que toi. »
Elle alla dans sa chambre préparer un baluchon avec ses affaires.
Elle chaussa ses souliers vernis et, sans que sa mère la remarque, elle se faufila jusqu'à la porte.
Elle se promena longtemps, longtemps. La nuit tombait. Au bord de l'eau, le sable était doux. Pauline mit un pyjama à sa poupée avant de l'installer sur son petit tissu à fleurs.
Elle se coucha à côté, enroula autour du pouce son mouchoir brodé d'animaux qui ne la quittait jamais et ferma les yeux.
Quand elle se réveilla en sursaut, il faisait nuit noire.
Elle avait froid. Elle entendait des branches qui craquaient. Elle pensa aux loups, elle pensa aux brigands et elle eut peur. En silence, elle replia son baluchon et prit le chemin de la maison.
Elle marcha longtemps, croyant toujours reconnaître sa rue mais c'était une autre rue. Pauline était perdue, elle grelottait.
Elle entendit des pas qui approchaient.
« Ça doit être un fantôme », se dit-elle.
Mais c'était un policier. Il lui demanda son adresse et la ramena chez elle. Son père la gronda très fort. Sa mère la serra très fort.
« J'ai eu peur, tu sais, dit-elle. Il ne faut pas recommencer. Tu ne nous aimes plus ?
Pauline pensait à sa journée.
— Si, je vous aime, dit Pauline.
Elle réfléchit un moment avant d'ajouter :
— Mais quand je serai grande, je recommencerai. »

D'après A. Pozner, *Histoires pour les enfants de 7 ans,* Éd. F. Nathan.

QUESTIONS

Choisis et note ta réponse (a, b ou c).

1 Pourquoi Pauline se dispute-t-elle avec sa mère ?
- **a** Elle veut mettre son nouveau pantalon.
- **b** Elle veut mettre son anorak bleu.
- **c** Elle veut mettre ses souliers vernis.

2 Que décide de faire Pauline ?
- **a** Elle téléphone à son amie.
- **b** Elle refuse de sortir.
- **c** Elle part de chez elle.

3 Que fait Pauline quand la nuit tombe ?
- **a** Elle se couche sur le sable.
- **b** Elle se couche sur un banc.
- **c** Elle se couche sur le trottoir.

4 Qui est couché à côté de Pauline ?
- **a** son chien
- **b** son ours
- **c** sa poupée

5 Qui ramène Pauline chez ses parents ?
- **a** un policier
- **b** un fantôme
- **c** un voisin

Une bonne réponse = 2 points.

CHAPITRE 7

ATE

J'exerce ma mémoire

1 - ENREGISTRE...

+ C

**Lis la première phrase. Cache-la et retrouve-la parmi les trois phrases a, b ou c présentées à la suite.
Fais de même pour les autres phrases.**

1. Le jardin disparaît sous la neige.
- **a)** Le jardin disparaît dans le brouillard.
- **b)** Le jardin disparaît sous la neige.
- **c)** Le jardin est envahi par les ronces.

2. Le lion du zoo semble triste.
- **a)** L'éléphant du zoo semble triste.
- **b)** Le lion du zoo semble affamé.
- **c)** Le lion du zoo semble triste.

3. Élodie aime se baigner dans la rivière.
- **a)** Élodie déteste plonger dans la rivière.
- **b)** Élodie aime se baigner dans la rivière.
- **c)** Élodie aime se baigner dans la mer.

4. Les arbres sont secoués par la tempête.
- **a)** Les arbres sont secoués par la tempête.
- **b)** Les arbres perdent leurs feuilles.
- **c)** Les arbres sont déracinés par la tempête.

5. Mon frère prend des cours de judo.
- **a)** Mon frère prend des cours de tennis.
- **b)** Mon frère prend des cours de judo.
- **c)** Ma sœur prend des cours de judo.

Une bonne réponse = 2 points.

2 - ENREGISTRE... + C

Lis la première phrase. Cache-la et retrouve-la parmi les trois phrases a, b ou c présentées à la suite. Fais de même pour les autres phrases.

1. Les hiboux détruisent les rats et les souris.
   a) Les vipères détruisent les rats et les souris.
   b) Les hiboux détruisent les rats et les souris.
   c) Les hiboux détruisent les mulots et les souris.

2. Un trésor est caché dans les murs du château.
   a) Un trésor est caché dans les souterrains du château.
   b) Un trésor a été découvert dans les murs du château.
   c) Un trésor est caché dans les murs du château.

3. Une fête foraine s'installe sur la place du village.
   a) Un cirque s'installe sur la place du village.
   b) Une fête foraine s'installe sur la place du village.
   c) Une fête foraine aura lieu sur la place du village.

4. L'entrée de la grotte est cachée par des branches.
   a) L'entrée de la grotte est cachée par des branches.
   b) L'entrée de la caverne est cachée par des branches.
   c) L'entrée de la grotte est enfouie sous des broussailles.

5. L'écureuil s'amuse à faire tomber des noisettes sur les promeneurs.
   a) L'écureuil cherche des noisettes dans la forêt.
   b) L'écureuil s'enfuit à l'approche des promeneurs.
   c) L'écureuil s'amuse à faire tomber des noisettes sur les promeneurs.

Une bonne réponse = 2 points.

1 - RETENU !

Lis le texte en essayant de retenir les renseignements qu'il te donne. Retrouve ensuite les cinq mots disparus dans le texte page 121.

Le bébé kangourou

Quand le bébé kangourou naît, il n'est pas plus grand qu'un haricot sec. C'est dans la poche de sa maman qu'il va grandir et se développer pendant environ huit mois. Il existe plus de cinquante variétés de kangourous. Le plus petit, le kangourou rat, ne dépasse pas 45 centimètres. Le plus grand, le kangourou géant, mesure 3 mètres.

J'aime lire, n° 137, juin 1988, © Bayard Presse.

Un mot retrouvé = 2 points.

---

2 - RETENU !

Lis le texte en essayant de retenir les renseignements qu'il te donne. Retrouve ensuite les cinq mots disparus dans le texte page 121.

Est-ce que les animaux sauvages sont méchants ?

Les animaux sauvages ne sont pas « méchants ». Ils ne veulent pas faire de mal. Ils tuent pour manger, tout simplement. Si parfois ils griffent ou attaquent des gens, c'est pour se défendre, ou protéger leurs petits. Ils nous font alors très peur. Souvent même, un animal crie pour nous avertir. Pour dire : « Vous approchez trop près de chez moi. Partez vite ! » On dit qu'une bête est sauvage pour expliquer qu'elle vit en liberté dans la nature.

Les Animaux des pays chauds et des pays froids, Éd. F. Nathan.

Un mot retrouvé = 2 points.

3 - RETENU !

Lis le texte en essayant de retenir les renseignements qu'il te donne. Retrouve ensuite les cinq mots disparus dans le texte page 121.

Sécurité sur l'autoroute

Sais-tu qu'une voiture qui roule à 130 kilomètres à l'heure met 72 mètres pour s'arrêter ? Pose la question à tes parents. Et dis-leur qu'une grande campagne d'information appelée « Gardez vos distances » a lieu pendant l'été sur toutes les autoroutes de France. En effet, on s'est aperçu que la plupart des accidents sur les autoroutes étaient provoqués par des conducteurs qui roulent trop vite et trop près des voitures de devant.

Astrapi, n° 235, 1er août 1988, © Bayard Presse.

Un mot retrouvé = 2 points.

1 - S.O.S. MÉMOIRE

Lis le texte en essayant de retenir les renseignements qu'il te donne. Retrouve ensuite les dix mots disparus dans le texte page 121.

Un secret bien gardé

Vous voulez correspondre avec un copain... sans que tout le monde soit au courant de vos petits secrets ? Facile ! Munissez-vous d'un citron, dont vous pressez le jus dans un bol bien propre. Il vous faut aussi une plume (comme celles que l'on vend dans les papeteries) et un porte-plume, bien entendu. Trempez la plume dans le jus de citron et écrivez tranquillement votre message. Votre copain n'aura qu'à faire apparaître le texte en plaçant la feuille de papier à la chaleur d'une ampoule électrique allumée.

D'après *Picsou-magazine*, n° 154, © Walt Disney.

Un mot retrouvé = 1 point.

2 - S.O.S. MÉMOIRE

Lis le texte en essayant de retenir les renseignements qu'il te donne. Retrouve ensuite les dix mots disparus dans le texte page 122.

Comment les dunes se forment-elles ?

Sur les côtes, le vent souffle très souvent de la mer. Quand il est fort, il soulève facilement les grains de sable de la plage et les emporte avec lui. Si, sur son chemin, il rencontre un obstacle, une hauteur par exemple, il ralentit. Alors, les grains de sable tombent et s'entassent. Ils forment des dunes. Souvent, les plantes les fixent avec leurs racines. Mais dans les grands déserts comme le Sahara, les dunes peuvent être déplacées par le vent car rien ne les arrête.

La Mer et les océans, Éd. F. Nathan.

Un mot retrouvé = 1 point.

3 - S.O.S. MÉMOIRE

Lis le texte en essayant de retenir les renseignements qu'il te donne. Retrouve ensuite les dix mots disparus dans le texte page 122.

La mer est-elle malade ?

C'est vrai, on peut dire que la mer est malade. D'une curieuse maladie que l'on appelle la « pollution », parce que les hommes y jettent des ordures et beaucoup de produits dangereux. En Méditerranée, des kilomètres de côtes près desquelles vivaient il y a vingt ans de très nombreux poissons sont aujourd'hui désertes. Ailleurs, le pétrole recouvre la mer d'une couche grasse et collante : c'est la marée noire. L'eau devient alors si sale que les poissons et les algues ne peuvent plus y vivre. Ils meurent par milliers.

La Mer et les océans, Éd. F. Nathan.

Un mot retrouvé = 1 point.

4 - S.O.S. MÉMOIRE

Lis le texte afin de retenir les renseignements qu'il te donne. Retrouve ensuite les dix mots disparus dans le texte **page 122.**

Soignons nos dents !

La carie dentaire est une maladie très fréquente dans le monde : 70 % des enfants entre six et douze ans en souffrent !
Tu peux augmenter la résistance de tes dents en buvant du lait (il contient du calcium qui renforce la solidité des dents et des os).
Il t'est facile d'éviter les excès de sucreries (bonbons, gâteaux), surtout le soir avant de te coucher !
Tu peux diminuer l'apparition de caries en brossant tes dents matin et soir, avec une bonne brosse : le dentifrice n'est pas essentiel.
Tu iras chez le dentiste deux fois par an, même si tu n'as pas mal aux dents. Il vérifiera l'état de tes dents et soignera les débuts de caries que tu n'aurais pas vues.

D'après B. Bornancin, G. Puig, *L'Homme parmi les vivants,* Éd. F. Nathan.

Un mot retrouvé = 1 point.

5 - S.O.S. MÉMOIRE

Lis le texte afin de retenir les renseignements qu'il te donne. Retrouve ensuite les dix mots disparus dans le texte **page 123.**

Tout savoir sur les pompiers

Les pompiers ne font pas qu'éteindre des feux. Ils font aussi beaucoup d'autres choses : ils savent secourir des blessés et des malades, ou détruire des nids de guêpes ou de frelons. Ils vont même chercher les petits chats qui ne savent pas descendre tout seuls des arbres. A la campagne, quand il y a un feu, une sirène retentit. Vite, le boulanger

arrête son travail pour aller mettre sa tenue de pompier. D'autres hommes du village font comme lui : ils ont chacun leur métier mais ils sont aussi pompiers si on a besoin d'eux.
Pour les incendies de forêts, les pompiers se font aider par des Canadairs : ce sont de gros avions spéciaux qui se remplissent d'eau en volant sur la surface d'un lac ou de la mer. Ils vont ensuite verser toute cette eau d'un seul coup sur le feu.

Youpi, n° 2, novembre 1988.

Un mot retrouvé = 1 point.

6 - S.O.S. MÉMOIRE

Lis les deux textes qui suivent afin de retenir les renseignements qu'ils te donnent. Retrouve ensuite les dix mots disparus dans les textes page 123.

La moto de glace

C'est une moto très légère et très puissante. Ses pneus sont couverts de gros clous pointus, car elle roule sur la glace des patinoires. Les pilotes se protègent la jambe gauche, c'est celle qui touche la glace à chaque virage. Ces motos n'ont pas de freins : pour ralentir, elles dérapent sur le côté.

La moto-cross

C'est une moto solide et légère qui ne sert pas à rouler sur les routes : on fait du moto-cross sur un terrain spécial, couvert de terre, de sable et de boue. Les pilotes doivent être costauds et adroits pour grimper les côtes très raides sans tomber et surtout pour sauter sur les bosses.

Youpi, n° 2, novembre 1988.

Un mot retrouvé = 1 point.

Texte à compléter de l'exercice « Retenu » n° 1 page 116

Le bébé kangourou

Quand le bébé kangourou naît, il n'est pas plus grand qu'un 1 sec. C'est dans la 2 de sa maman qu'il va 3 et se développer pendant environ 4 . Il existe plus de cinquante variétés de kangourous. Le plus petit, le kangourou rat, ne dépasse pas 45 centimètres. Le plus grand, le kangourou 5 , mesure 3 mètres.

Texte à compléter de l'exercice « Retenu » n° 2 page 116

Est-ce que les animaux sauvages sont méchants ?

Les animaux sauvages ne sont pas « méchants ». Ils ne veulent pas faire de mal. Ils tuent pour 1 , tout simplement. Si parfois ils griffent ou 2 des gens, c'est pour se 3 , ou protéger leurs petits. Ils nous font alors très peur. Souvent même, un animal 4 pour nous avertir. Pour dire : « Vous approchez trop près de chez moi. Partez vite ! » On dit qu'une bête est sauvage pour expliquer qu'elle vit en 5 dans la nature.

Texte à compléter de l'exercice « Retenu » n° 3 page 117

Sécurité sur l'autoroute

Sais-tu qu'une voiture qui roule à 130 kilomètres à l'heure met 72 mètres pour 1 ? Pose la question à tes parents. Et dis-leur qu'une grande campagne d'information appelée « Gardez vos 2 » a lieu pendant l'été sur toutes les autoroutes de France. En effet, on s'est aperçu que la plupart des 3 sur les autoroutes étaient provoqués par des conducteurs qui roulent trop 4 et trop 5 des voitures de devant.

Texte à compléter de l'exercice « S.O.S. mémoire » n° 1 page 117

Un secret bien gardé

Vous voulez correspondre avec un copain... sans que tout le monde soit au courant de vos petits 1 ? Facile ! Munissez-vous d'un 2 , dont vous pressez le jus dans un 3 bien propre. Il vous 4 aussi une 5 (comme celles que l'on vend dans les 6) et un porte-plume, bien entendu. Trempez la plume dans le 7 de citron et écrivez tranquillement votre 8 . Votre copain n'aura qu'à faire apparaître le texte en plaçant la feuille de papier à la 9 d'une 10 électrique allumée.

Texte à compléter de l'exercice « S.O.S. mémoire » n° 2 page 118

Comment les dunes se forment-elles ?

Sur les côtes, le vent souffle très souvent de la 1 . Quand il est fort, il 2 facilement les grains de 3 de la plage et les emporte avec lui. Si, sur son chemin, il 4 un obstacle, une hauteur par exemple, il ralentit. Alors, les grains de sable 5 et s'entassent. Ils forment des 6 . Souvent, les 7 les fixent avec leurs racines. Mais dans les grands 8 comme le Sahara, les dunes peuvent être déplacées par le 9 car rien ne les 10 .

Texte à compléter de l'exercice « S.O.S. mémoire » n° 3 page 118

La mer est-elle malade ?

C'est vrai, on peut dire que la 1 est malade. D'une curieuse maladie que l'on appelle la « 2 », parce que les hommes y 3 des ordures et beaucoup de produits 4 . En Méditerranée, des kilomètres de 5 près desquelles vivaient il y a vingt ans de très nombreux 6 sont aujourd'hui désertes. Ailleurs, le 7 recouvre la mer d'une couche grasse et collante : c'est la 8 noire. L'eau devient alors si 9 que les poissons et les algues ne peuvent plus y 10 . Ils meurent par milliers.

Texte à compléter de l'exercice « S.O.S. mémoire » n° 4 page 119

Soignons nos dents !

La carie dentaire est une 1 très fréquente dans le monde : 70 % des enfants entre six et douze ans en souffrent !
Tu peux 2 la résistance de tes dents en buvant du 3 (il contient du calcium qui renforce la solidité des dents et des os).
Il t'est facile d'éviter les excès de sucreries (4 , gâteaux), surtout le 5 avant de te coucher !
Tu peux diminuer l'apparition de caries en 6 tes dents matin et soir, avec une bonne brosse : le 7 n'est pas essentiel.
Tu iras chez le 8 deux fois par an, même si tu n'as pas 9 aux dents. Il vérifiera l'état de tes dents et 10 les débuts de caries que tu n'aurais pas vues.

Texte à compléter de l'exercice « S.O.S. mémoire » n° 5 page 119

Tout savoir sur les pompiers

Les pompiers ne font pas qu'éteindre des feux. Ils font aussi beaucoup d'autres choses : ils savent secourir des 1 et des malades, ou détruire des 2 de guêpes ou de frelons. Ils vont même chercher les petits 3 qui ne savent pas descendre tout seuls des arbres. A la campagne, quand il y a un feu, une 4 retentit. Vite, le boulanger arrête son travail pour aller mettre sa 5 de pompier. D'autres hommes du 6 font comme lui : ils ont chacun leur 7 mais ils sont aussi pompiers si on a besoin d'eux.

Pour les 8 de forêts, les pompiers se font aider par des Canadairs : ce sont de gros 9 spéciaux qui se remplissent d'eau en volant sur la surface d'un lac ou de la mer. Ils vont ensuite verser toute cette 10 d'un seul coup sur le feu.

Textes à compléter de l'exercice « S.O.S. mémoire » n° 6 page 120

La moto de glace

C'est une moto très légère et très 1 . Ses pneus sont couverts de gros 2 pointus, car elle roule sur la glace des 3 . Les pilotes se protègent la jambe gauche, c'est celle qui touche la 4 à chaque virage. Ces motos n'ont pas de 5 : pour ralentir, elles dérapent sur le côté.

La moto-cross

C'est une moto solide et 1 qui ne sert pas à rouler sur les routes : on fait du moto-cross sur un 2 spécial, couvert de terre, de sable et de boue. Les 3 doivent être costauds et adroits pour grimper les 4 très raides sans tomber et surtout pour sauter sur les 5 .

CHAPITRE 8

I

Je lis pour agir

1 - OÙ EST LA RÉPONSE ?

+ ALR

Trouve la réponse qui correspond à chaque question.

Questions

1. Les arbres sont-ils des plantes ?

2. Par qui fut construite la Tour Eiffel ?

3. Les autruches peuvent-elles voler ?

4. Les bébés rêvent-ils plus que les adultes ?

5. Comment l'éléphant peut-il se gratter le dos ?

Réponses

A. En utilisant une branche qu'il tient dans sa trompe.

B. Oui, la moitié du sommeil à la naissance est occupé par les rêves.

C. Oui, des plantes de grande taille.

D. Par M. Eiffel, en 1889.

E. Non, car leurs ailes sont trop courtes ; elles courent.

D'après B. Solleau, *Mini-mystère : le jeu des 444 questions,* Éd. Lito.

Une réponse exacte = 2 points.

2 - OÙ EST LA RÉPONSE ?

\+ ALR

Trouve la réponse qui correspond à chaque question.

Questions

1. Les mille-pattes ont-ils mille pattes ?

2. Combien l'homme adulte a-t-il de dents ?

3. Comment les mouches peuvent-elles marcher au plafond ?

4. Quand faut-il cueillir les fleurs pour qu'elles restent fraîches plus longtemps ?

5. Quel est l'animal terrestre le plus rapide ?

Réponses

A. Grâce aux poils collants qu'elles ont aux pattes.

B. Trente-deux.

C. Le guépard. Cet animal peut atteindre une vitesse de 96 à 101 kilomètres à l'heure.

D. Non, car ils peuvent seulement avoir deux cents paires de pattes.

E. Tôt le matin ou en fin de journée.

D'après B. Solleau, *Mini-mystère : le jeu des 444 questions,* Éd. Lito.

Une réponse exacte = 2 points.

3 - OÙ EST LA RÉPONSE ? + ALR

**1) Trouve la réponse qui correspond à chaque question sur les deux sujets :
« Les débuts de l'aviation » et « L'autruche ».**

2) Écris un texte qui rassemble les renseignements sur chaque sujet.

Les débuts de l'aviation

Questions	Réponses
1. Quel est l'homme qui vola pour la première fois ?	**A.** C'était en 1783.
2. Quelle était sa profession ?	**B.** Le premier homme à monter en ballon fut un Français, il s'appelait Pilâtre de Rozier.
3. Quand cela s'est-il passé ?	**C.** Médecin.

L'autruche

Questions	Réponses
1. Qui pond l'œuf le plus gros ?	**A.** C'est un grand oiseau : l'autruche.
2. Combien pèsent ses œufs ?	**B.** Ils pèsent plus d'un kilo.

D'après B. et N. Ardley, *1 001 questions et réponses,* Éd. G.P.

Une réponse exacte = 2 points.

4 - OÙ EST LA RÉPONSE ? + ALR

1) Trouve la réponse qui correspond à chaque question sur les deux sujets :
« Les premiers pas sur la lune » et « Le dinosaure ».
2) Écris un texte qui rassemble les renseignements sur chaque sujet.

Les premiers pas sur la lune

Questions	Réponses
1. Qui a marché le premier sur la lune ?	**A.** Le 21 juillet 1969.
2. Quelle heure était-il ?	**B.** L'Américain N.A. Armstrong a fait le premier pas sur la lune.
3. A quelle date a eu lieu cet événement ?	**C.** 3 h 56 heure française.

Le dinosaure

Questions	Réponses
1. A quelle période l'animal préhistorique appelé dinosaure a-t-il disparu ?	**A.** Sans doute parce que le climat était trop froid pour lui.
2. Pourquoi a-t-il disparu ?	**B.** Le dinosaure a disparu il y a environ 65 millions d'années.

D'après B. et N. Ardley, *1 001 questions et réponses,* Éd. G.P.

Une réponse exacte = 2 points.

1 - OÙ EST LA QUESTION ?

+ ALR

Trouve la question qui correspond à chaque réponse.

Réponses

1. Il porte environ 200 plumes.

2. Non, tous les ans, à la fin de l'hiver, les cerfs perdent leurs cornes. Celles-ci ne repoussent qu'en été.

3. Elle possède, comme tous les insectes, trois paires de pattes, soit six au total.

4. Certains animaux, comme les perroquets, peuvent non seulement parler, mais aussi chanter. Toutefois, ils ne comprennent pas ce qu'ils disent.

5. Non, bien que rapide et agile, il est trop lourd pour grimper dans les arbres.

Questions

A. Une coccinelle possède-t-elle six ou huit pattes ?

B. Un oiseau de taille moyenne porte-t-il 200, 800 ou 2 000 plumes ?

C. Y a-t-il des animaux qui parlent ?

D. Les cerfs gardent-ils toujours leurs cornes ?

E. Le plus grand singe, le gorille, se déplace-t-il dans les arbres ?

D'après B. Solleau, *Mini-mystère, le jeu des 444 questions,* Éd. Lito.

Une réponse exacte = 2 points.

2 - OÙ EST LA QUESTION ?

+ ALR

Trouve la question qui correspond à chaque réponse.

Réponses

1. Certaines baleines peuvent rester sous l'eau au moins une heure et peuvent tenir jusqu'à deux heures.

2. Huit.

3. Parce que cette plante se tourne vers le soleil.

4. Sous des pierres ou du bois mort.

5. La tête en bas.

Questions

A. Pourquoi le tournesol s'appelle-t-il ainsi ?

B. Où les serpents passent-ils l'hiver ?

C. Combien les numéros de téléphone ont-ils de chiffres, depuis octobre 1985 ?

D. Combien de temps une baleine peut-elle rester sous l'eau ?

E. Dans quelle position dort la chauve-souris ?

D'après B. Solleau, *Mini-mystère : le jeu des 444 questions,* Éd. Lito.

Une réponse exacte = 2 points.

1 - A TOI DE POSER LES QUESTIONS  + ANT

Prépare au moins cinq questions sur les textes suivants.
Pose-les ensuite à un camarade
et demande-lui comment il fait pour trouver la réponse.
Exemple : « Où vit le chimpanzé ? »

Le chimpanzé

C'est le plus intelligent des singes. Très bon grimpeur grâce à ses quatre mains, il vit dans les arbres des forêts africaines et se nourrit de fruits.

La chouette

La chouette est de la taille d'un petit corbeau. Elle vit dans les clochers et dans les granges. Elle se nourrit de rats, de taupes et de chauves-souris.

La cigogne

De grande taille, cet oiseau aux longues pattes construit souvent son nid sur le toit des maisons. Il vit l'été en Europe et l'hiver en Afrique.

D'après *Mon dictionnaire des animaux,* Éd. F. Nathan.

2 points par question posée pour toi ;
2 points par réponse trouvée pour ton camarade.

2 - A TOI DE POSER LES QUESTIONS  + ANT

Prépare au moins cinq questions sur le texte suivant.
Pose-les ensuite à un camarade
et demande-lui comment il fait pour trouver la réponse.

Un grand singe nommé King Kong

King Kong n'a jamais existé. C'est un animal de cinéma. Il a été construit par des gens qui voulaient raconter une histoire. Ils l'ont fait ressembler à un gorille géant. Les vrais gorilles sont rares. Ils vivent au plus profond de quelques forêts d'Afrique. Ils peuvent mesurer deux mètres de haut. Malgré leur force extraordinaire et leurs terribles dents, ils sont plutôt doux et timides. Ils cueillent des fruits et mangent surtout des plantes. Ils se déplacent beaucoup et, chaque soir, ils font un lit de branchages avant de s'endormir, confortablement allongés, et tranquilles.

Les Animaux des pays chauds et des pays froids, Éd. F. Nathan.

2 points par question posée pour toi ;
2 points par réponse trouvée pour ton camarade.

3 - A TOI DE POSER LES QUESTIONS + ANT

Prépare au moins cinq questions sur le texte suivant. Pose-les ensuite à un camarade et demande-lui comment il fait pour trouver les réponses.

Les premiers avions

Il y a deux cents ans, les hommes ont commencé à s'élever dans le ciel dans des ballons gonflés d'air chaud ou de gaz très légers. Ils ont ensuite essayé de voler en imitant les oiseaux. Les inventeurs construisent alors des « aéroplanes » qui ne font que quelques bonds : ils sont trop légers et leur moteur n'est pas assez puissant. Peu après 1900, les premiers vrais avions sont au point. Leurs étonnants pilotes réalisent de véritables exploits. En 1909, le Français Blériot traverse la Manche, sur 30 kilomètres. Et l'Américain Lindberg, en 1927, franchit l'Atlantique en trente-six heures : un voyage de 6 000 kilomètres.

La Vie des hommes d'autrefois, Éd. F. Nathan.

2 points par question posée pour toi ;
2 points par réponse trouvée pour ton camarade.

1 - MISSION ACCOMPLIE

Emmanuel a fait ce qui était demandé par le maître mais son travail est dans le désordre. Retrouve ce qui va ensemble. Exemple : 1 = g, tu écris 1 g.

Travail demandé

1. Barre le mot « fleur ».
2. Souligne le mot « fleur ».
3. Coche le mot « fleur ».
4. Dessine une fleur.
5. Entoure le mot « fleur ».
6. Souligne la deuxième lettre du mot « fleur ».
7. Entoure la dernière lettre du mot « fleur ».
8. Écris un mot qui commence par la même lettre que le mot « fleur ».
9. Écris un mot qui commence par la dernière lettre du mot « fleur ».
10. Écris un nom de fleur.
11. Encadre le mot « fleur ».

Travail fait par Emmanuel

a) fleur
b) rouge
c) 
d) fleur
e) muguet
f) fleur
g) ~~fleur~~
h) fleur
i) fleur ×
j) facile
k) fleur

Une bonne réponse = 1 point.

2 - MISSION ACCOMPLIE

A toi de jouer...
Prends une feuille ou ton cahier et fais ce qui est demandé.

1. Note ton nom.
2. Note ton prénom.
3. Souligne ton nom.
4. Indique ta classe.
5. Dessine une maison.
6. Tire un trait.
7. Note le prénom de quatre élèves de ta classe.
8. Entoure le deuxième prénom que tu viens d'écrire.
9. Écris trois noms de jeux.
10. Mets une croix devant le jeu que tu préfères.

Un point par mission accomplie.

1 - CODE SECRET

Mon code secret s'écrit en 5 lettres : une lettre par case.

Pour trouver ce code, tu lis les renseignements suivants et tu te sers de l'alphabet ressource si tu en as besoin.

1. La première lettre du code est la deuxième lettre de l'alphabet.
2. La deuxième lettre du code est la troisième lettre du mot « carte ».
3. La troisième lettre du code est la première lettre de l'alphabet.
4. La quatrième lettre du code est la lettre qui se situe après « u » dans l'alphabet.
5. La cinquième lettre du code est la lettre qui se situe avant « p » dans l'alphabet.

Alphabet ressource
a b c d e f g h i j k l m n o p q r s t u v w x y z

Une lettre trouvée = 2 points.

2 - CODE SECRET

Mon code secret s'écrit en deux mots. Le premier mot contient 6 lettres, le deuxième contient 4 lettres : une lettre par case.

Pour trouver ce code, tu lis les renseignements suivants et tu te sers de l'alphabet ressource si tu en as besoin.

Premier mot

1. La première lettre est la première lettre du mot « pont ».
2. La deuxième lettre est la lettre qui se situe avant « j » dans l'alphabet.
3. La troisième lettre est la lettre qui se situe après « f » dans l'alphabet.
4. La quatrième lettre est la lettre qui se situe entre « d » et « f » dans l'alphabet.
5. La cinquième lettre est la deuxième lettre du mot « pont ».
6. La sixième lettre est la troisième lettre du mot « pont ».

Deuxième mot

1. La première lettre est la lettre qui se situe avant « w » dans l'alphabet.
2. La deuxième lettre est la même lettre que la cinquième lettre du mot précédent.
3. La troisième lettre est la douzième lettre de l'alphabet.
4. La quatrième lettre est la cinquième lettre de l'alphabet.

Alphabet ressource
a b c d e f g h i j k l m n o p q r s t u v w x y z

Une lettre trouvée = 1 point.

1 - QU'EST-CE QUI ÉTAIT DEMANDÉ ?

Delphine a fini son travail. Trouve ce que la maîtresse lui avait demandé en choisissant parmi les consignes proposées.
Exemple : n° 1 = consigne B « Mets au pluriel »,
tu écris 1 B.

1. Une table - une maison - un avion.
... Des tables - des maisons - des avions. ....

2. ... feuille - ... crayon
... Une feuille - un crayon ....

3. Judith joue à cache-cache avec Sylvain.
... Judith joue à cache-cache avec Sylvain ....

4. Un chien - une girafe - une mouche - un moineau.
... Une girafe - un chien - un moineau - une mouche.

5. Un chat - une éléphant - une puce - un lion.
... Une puce - un chat - un lion - un éléphant ....

6. Le poulain galope dans le pré.
... Les poulains galopent dans les prés ....

Consignes

A. Souligne les majuscules.
B. Mets au pluriel.
C. Classe du plus grand au plus petit.
D. Mets « un » ou « une » devant les mots.
E. Classe du plus petit au plus grand.

Une consigne retrouvée = 2 points.

2 - QU'EST-CE QUI ÉTAIT DEMANDÉ ?

Bastien a fini son travail. Trouve ce que la maîtresse lui avait demandé en choisissant parmi les consignes proposées.

1. Sapin - jardin - ballon - assiette.

... Assiette - ballon - jardin - sapin ....

2. Une hirondelle - une vipère - une pie - une couleuvre.

une hirondelle
une pie

une vipère
une couleuvre

3. Un camion - un train - une bicyclette.

... Un autobus ....

4. Un gâteau - une tulipe - un trou.

... Un gâteau - une tulipe - un trou ....

5. La barque - le livre - le réveil - la cage.

la barque	le livre
la cage	le réveil

Consignes

A. Souligne la lettre « t ».
B. Continue la liste.
C. Classe par ordre alphabétique.
D. Fais deux colonnes avec les noms masculins et les noms féminins.
E. Fais un ensemble avec les oiseaux et un autre avec les serpents.

Une consigne retrouvée = 2 points.

3 - QU'EST-CE QUI ÉTAIT DEMANDÉ ?

Jérémie a fini son travail. Trouve ce que le maître lui avait demandé en choisissant parmi les consignes proposées.

1. Place - fer - foule.

... *Glace - mer - boule* ....

2. Je — sont à la mer.
Ils — sommes à la mer.
Nous — suis à la mer.

Je → *suis à la mer.*
Ils → *sont à la mer.*
Nous → *sommes à la mer.*

3. Vous avez des patins à roulettes.

Vous (avez) des patins à roulettes.

4. a - b - c - m - d - e.

m

5. a - b - d - e - f.

c

Consignes

A. Entoure le verbe « avoir ».
B. Enlève la lettre qui ne convient pas dans la série.
C. Trouve un autre mot en changeant la première lettre.
D. Ajoute la lettre manquante dans la série.
E. Relie ce qui va ensemble par une flèche.

Une consigne retrouvée = 2 points.

1 - A TOI DE DIRE CE QU'IL FAUT TROUVER

\+ ANT

Voici des débuts d'énoncés de problèmes. Termine-les en imaginant ce qui pourrait être demandé à un élève.

1. 275 voitures sont passées au péage de l'autoroute dans la matinée et 576 dans l'après-midi.
2. Éric donne 16 billes à Cyril qui en avait déjà 30.
3. Le bateau a navigué pendant 3 jours. Il parcourt 100 kilomètres par jour.
4. Dans la voiture, il y a 4 personnes. Chaque personne emporte 2 sacs.
5. Il y a 350 enfants dans l'école. 50 enfants partent en classe de neige.

Un énoncé terminé = 2 points.

2 - A TOI DE DIRE CE QU'IL FAUT TROUVER

\+ ANT

Voici des débuts d'énoncés de problèmes. Termine-les en imaginant ce qui pourrait être demandé à un élève.

1. Aline arrive au zoo à 10 heures. Elle visite le zoo pendant 2 heures.
2. Cécile a 10 crayons de couleur et Rachid en a 4 de plus qu'elle.
3. L'avion décolle à 9 heures et arrive à 11 heures.
4. Pendant les vacances, Firmin est parti 8 jours chez sa grand-mère et 5 jours chez sa tante. Il lui reste 2 jours de vacances.
5. Dans la bibliothèque de l'école, il y a 30 livres sur les animaux, 110 livres qui racontent des histoires, 20 bandes dessinées.

Un énoncé terminé = 2 points.

CHAPITRE 9

ALR

Je lis pour chercher

1 - REPÉRÉ !

1) Lis le texte afin de faire la liste de ce que Sébastien emporte dans sa valise.
2) Trouve ce qui a été oublié sur le dessin.

Le départ en vacances

Demain, dit grand-père bien haut, nous partons en voyage très tôt.
Quelle bonne surprise !
Sébastien est ravi ! Il prend sa grande valise. Il y met son ballon rouge et tout rond, une canne à pêche pour prendre de gros poissons, ses livres car il sait lire et son cahier de devoirs de vacances si jamais il pleut... Il prépare aussi une solide pelle pour chercher trésors et merveilles, sept bonnets de laine pour chaque jour de la semaine, des lunettes de soleil immenses, indispensables pour partir.
Voici, c'est terminé, dit Sébastien. Il me reste à la fermer, à toi... de la porter.

D'après une idée de Janosch, *Bon voyage,* Casterman.

Une bonne réponse = 1 point.

2 - REPÉRÉ !

1) Fais la liste des achats de Deborrah et de son père.
2) Trouve ce qui a été oublié sur le dessin.

Demain, c'est la rentrée

Deborrah et son père font les courses au supermarché. Deborrah dit :
« Il me faut des feutres, un cahier, un pot de colle et une ardoise pour aller à l'école.
— Eh bien, vas-y, sers-toi dans les rayons, voici un panier pour mettre tes achats. Pendant ce temps, je m'occupe des autres courses. »
Le père de Deborrah prend un litre de lait, une grande boîte de chocolat en poudre et un paquet de sucre en morceaux. Il achète aussi des bananes et des carottes mais il y a la queue au rayon fruits et légumes. Aussi, Deborrah a-t-elle terminé avant son père. Plusieurs chariots la bousculent.
Enfin, c'est fini. Deborrah et son père déposent tous leurs achats sur le tapis roulant devant la caisse.

Une bonne réponse = 1 point.

3 - REPÉRÉ !

1) Fais la liste des aliments nécessaires pour réaliser la recette.
2) Trouve ce qui a été ajouté sur le dessin.

Salade de fruits d'été

◆ Presse une orange et un citron, verse leur jus dans un saladier.

◆ Épluche une poire et une banane. Enlève le cœur de la poire. Coupe la poire et la banane en tranches et mélange-les aux jus d'orange et de citron pour qu'elles restent blanches.

◆ Coupe une pêche en deux et enlève les noyaux. Épluche-la et coupe-la en tranches.

◆ Lave 250 grammes de fraises et 100 grammes de framboises, sèche-les avec un torchon de papier. Enlève la queue des fraises.

◆ Ajoute tous ces fruits dans le saladier. Saupoudre le tout de sucre et mélange doucement. Mets la salade à rafraîchir dans le réfrigérateur pendant au moins une heure.

D'après A. Wilkes, *J'apprends à cuisiner : desserts et friandises,* Éd. du Pélican.

Une bonne réponse = 1 point.

1 - A L'AFFÛT

Voici des titres d'histoires.
Ton petit frère n'aime que les histoires avec des animaux.
Que lui liras-tu ? Note les numéros.

1. Le petit coq et la poulette
2. La drôle de maison
3. Le petit coq noir
4. La maison des trois loups
5. Histoire du vieux, de la vieille, du pois et du haricot
6. L'ours, le renard et le pot de miel
7. Un kangourou à Paris
8. Un enfant éléphant
9. Histoire du chien qui se cherchait un compagnon
10. Comment le chien devient l'ennemi du chat
11. La bavarde
12. C'était un loup si bête
13. Un homme avisé
14. Le chasseur, le crocodile et le lièvre

Une bonne réponse = 1 point.

2 - A L'AFFÛT

Voici des titres d'histoires. Ta cousine vient te rendre visite et demande que tu lui racontes des histoires avec des animaux. Que lui liras-tu ? Note les numéros.

1. Le petit cheval
2. Les trois petits lapins
3. L'arbre à pâtisserie
4. La maison qui bougeait
5. Les petites chaussettes
6. Le géant
7. La baleine et les éléphants
8. Le mouton et le moineau
9. Une tortue gourmande
10. Un crocodile en ville
11. Une vie de mouton
12. Le sabot
13. Loup y es-tu ?
14. Le bateau de sable
15. Le chapeau du fou
16. Le roi des animaux
17. Le chien de velours
18. Les nuages qui passent

Une bonne réponse = 1 point.

3 - A L'AFFÛT

Complète ce qui manque en consultant le calendrier des mois de mai et juin.

L = lundi
M = mardi
M = mercredi
J = jeudi
V = vendredi
S = samedi
D = dimanche

Lundi, mardi, mercredi, jeudi, vendredi, samedi, dimanche = 7 jours = 1 semaine.

MAI

○ 4 h 32 à 19 h 04

M	1	FÊTE DU TRAV.	
M	2	Boris	
J	3	Phil., Jacq.	
V	4	Sylvain	
S	5	Judith	
D	6	Prudence	
L	7	Gisèle	19
M	8	VICTOIRE 1945	
M	9	Pacôme	
J	10	Solange	
V	11	Estelle	
S	12	Achille	
D	13	Fête J. d'Arc	
L	14	Matthias	20
M	15	Denise	
M	16	Honoré	
J	17	Pascal	
V	18	Eric	
S	19	Yves	
D	20	Bernardin	
L	21	Constantin	21
M	22	Emile	
M	23	Didier	
J	24	ASCENSION	
V	25	Sophie	
S	26	Bérenger	
D	27	Fête des Mères	
L	28	Germain	22
M	29	Aymard	
M	30	Ferdinand	
J	31	*Visitation*	

JUIN

○ 3 h 54 à 19 h 44

V	1	Justin	
S	2	Blandine	
D	3	PENTECÔTE	
L	4	Clotilde	23
M	5	Igor	
M	6	Norbert	
J	7	Gilbert	
V	8	Médard	
S	9	Diane	
D	10	Landry	
L	11	Barnabé	24
M	12	Guy	
M	13	Antoine de P.	
J	14	Elisée	
V	15	Germaine	
S	16	J.-F. Régis	
D	17	*Fête-Dieu*	
L	18	Léonce	25
M	19	Romuald	
M	20	Silvère	
J	21	ÉTÉ	
V	22	Alban	
S	23	Audrey	
D	24	Jean-Baptiste	
L	25	Prosper	26
M	26	Anthelme	
M	27	Fernand	
J	28	Irénée	
V	29	Pierre, Paul	
S	30	Martial	

1) Le premier jour du mois de juin est un ....
2) Au mois de mai, il y a .... vendredis.
3) Au mois de juin, il y a .... samedis.
4) Le mois de mai a .... jours.
5) Les vacances commencent le 28 juin, c'est un ....
6) La fête des *Gilbert* est le .... juin.
7) La fête de l'Ascension est le .... mai.
8) La fête des *Sophie* est un ....
9) Laurent va à la piscine tous les lundis. En juin, il ira .... fois.
10) La mère de Natacha ne travaille ni le samedi, ni le dimanche. En juin, elle travaillera .... jours.

Une bonne réponse = 1 point.

4 - A L'AFFÛT

+ ATE

Voici ce que tu vas chercher dans le texte « La nourriture vers l'an 1000 ».
1) Que mangent les paysans ?
Note au moins six aliments.
2) Que mangent les grands seigneurs ?
Note au moins quatre aliments.

La nourriture vers l'an 1000

A chaque repas, les paysans mangent du pain, des galettes ou des bouillies. Parfois, il y a aussi une soupe de légumes du jardin. Dans le nord, les paysans cueillent ou récoltent des pommes, dans le sud, des olives et des figues, partout, les fruits sauvages de la forêt. Si les moissons sont mauvaises, ils doivent se nourrir de racines ou de glands.
Dans les riches maisons, les repas sont meilleurs et plus riches. Les grands seigneurs aiment beaucoup le gibier de la chasse, les poissons des étangs, les pâtés, les plats épicés, les gâteaux de miel et le vin.

La Vie des hommes d'autrefois, Éd. F. Nathan.

Une bonne réponse = 1 point.

5 - A L'AFFÛT

+ ATE

Voici ce que tu vas chercher dans le texte « Les fermes d'autrefois ».
1) Comment s'appelle l'endroit où vivent les paysans ?
2) Quels meubles trouve-t-on chez eux ?
3) Que cultivent les paysans ?
4) Quels animaux élèvent les paysans ?

Les fermes d'autrefois

Vers l'an 1000, la plupart des paysans vivent pauvrement. Ils habitent souvent une chaumière au sol en terre battue et meublée d'un lit, d'une table et de quelques ustensiles de cuisine. Dans les champs, ils essaient de cultiver tout le blé, l'avoine ou le seigle nécessaires pour payer le seigneur et nourrir leur famille. Chacun élève quelques moutons pour la laine et le cuir. Ceux qui tuent un porc le tuent avant l'hiver ; ils le fument ou le salent pour le conserver. Les oies et les poules courent librement dans les jardins potagers, avant d'être mangées un jour de fête.

La Vie des hommes d'autrefois, Éd. F. Nathan.

Une bonne réponse = 1 point.

6 - A L'AFFÛT

Voici ce que tu vas chercher en lisant l'histoire de la page suivante « Yolande s'en va ».

1) Repère et note ce qu'emporte Yolande en faisant deux colonnes : ce qui se mange, ce qui ne se mange pas, comme sur le modèle proposé.

Ce qui se mange	Ce qui ne se mange pas

2) Dans quoi Yolande va-t-elle mettre ses affaires ?

Yolande s'en va

Yolande s'ennuie : elle n'a ni frère, ni sœur. Elle décide de s'en aller loin de chez elle.

Voyons, que faudrait-il emporter ? L'argent de sa tirelire, puis un pull-over et un anorak si jamais le temps fraîchissait ; un mouchoir aussi, car Yolande a tendance à s'enrhumer facilement et sa brosse à dents. Pour le reste, il faudrait faire confiance aux gens. On n'a jamais vu quelqu'un laisser une petite fille mourir de faim dans nos pays.
Tout excitée, elle monte dans sa chambre quatre à quatre. Dans quoi va-t-elle mettre ses affaires ? Une valise, c'est trop encombrant ; pourquoi pas son nouveau cartable ? Oui, son cartable, c'est tout à fait ce qu'il lui faut.
Reste à régler le problème des provisions. Yolande attend qu'il n'y ait plus personne dans la cuisine pour prendre ce qu'il lui faut. Six tranches de pain, deux pommes et le morceau de gruyère qui attend d'être râpé feront l'affaire avec du jambon.

D'après C. Bauchon, *L'Escapade de Julie Moineau,* Éd. Hemma.

Une bonne réponse = 1 point.

7 - A L'AFFÛT

Cherche ce qui se mange et ce qui se boit dans l'histoire « Le chat gourmand » : tu pourras ainsi compléter les menus préparés par le chat et le perroquet.

Menu préparé par le chat	Menu préparé par le perroquet
Lait	

Le chat gourmand et le perroquet

Il y avait une fois, aux Indes, un chat et un perroquet. Ils avaient décidé de s'inviter à dîner chacun à son tour.

Un jour donc, le chat invite le perroquet. Mais il est très avare et il n'apporte pour tout dîner qu'un litre de lait, un tout petit poisson et un minuscule biscuit.

Le perroquet est bien trop poli pour se plaindre, mais il n'est pas content. Le lendemain, il invite à son tour le chat. Il prépare un bon dîner. Il fait rôtir une tranche de bœuf. Il cuit des pommes de terre, des petits pois et des haricots verts. Il prépare une salade de son jardin. Il emplit une corbeille de beaux fruits, met de l'eau à bouillir pour le thé, empile une quantité de gâteaux, de jolis gâteaux ronds, dorés et croquants. Il y en a 500 tout juste ! Le perroquet en met 498 devant le couvert du chat, et n'en garde que 2 pour lui. Le chat arrive, s'installe, dévore la viande, boit le thé, savoure les fruits, et croque la pile de gâteaux. Il les mange tous et lèche même les miettes !

D'après une idée de S. C. Bryant, *Le Chat trop gourmand et le perroquet,* Éd. F. Nathan.

Une bonne réponse = 1 point.

8 - A L'AFFÛT

Voici ce que tu vas chercher dans l'histoire « Une mauvaise surprise pour Jojo Lapin ».

1) Repère les noms d'animaux.

2) Qui dit : « Ils ont très peur des voleurs » ?

Une mauvaise surprise pour Jojo Lapin

Jojo Lapin vient de s'apercevoir qu'on a volé ses provisions.

Jojo Lapin soupira, grogna, grinça des dents, puis décida de réagir sans perdre une seconde. Il entreprit de parcourir la forêt en interrogeant tous les animaux qu'il croisait. C'est ainsi qu'il apprit par Séraphine la Tortue que Frère Ours, Compère Loup et Maître Renard avaient décidé de mettre leurs provisions en commun. Les trois compères s'étaient même fait construire un entrepôt spécial, à égale distance de leurs trois maisons.

« La bâtisse est pleine à craquer, assura Fifi Moineau.

— On dit qu'ils ont de la nourriture pour des mois et des mois, ajouta Benjamin Bélier.

— On raconte qu'ils ont très peur des voleurs et que leur bâtiment est parfaitement protégé, affirma Biquette la Chèvre.

— Mais personne ne sait au juste d'où vient cette nourriture, précisa Azor le Chien. Une chose est certaine : ils n'ont rien acheté. Je suppose qu'ils ont tout volé ! »

Jojo Lapin n'eut pas besoin d'en entendre davantage. Une fois de plus, les trois gredins lui avaient volé ses provisions. Mais, foi de Jojo, il allait prendre sa revanche !

A. Royer, E. Baudry, *Jojo Lapin et le bonhomme de neige*, Éd. Hachette.

Une bonne réponse = 1 point.

... Va plus loin... Imagine la suite.

9 - A L'AFFÛT

Voici ce que tu vas chercher dans l'histoire « Justine dans le désert ».

1) Dans la rue, Justine rencontre une personne et un animal. Lesquels ?

2) Quels sont les deux moyens de transport pris par Justine pour aller dans le désert ?

3) Quels sont les animaux rencontrés par Justine dans le désert ?

4) Qui dit : « Chaud le jour et froid la nuit » ?

5) Avec quoi joue Justine dans le désert ?

Justine dans le désert

Justine est fâchée contre ses parents, contre sa maîtresse, contre tout le monde. Elle décide de partir dans le désert. Ainsi, il n'y aura plus personne pour l'empêcher de jouer.

Le lendemain matin, Justine se réveille avant ses parents et se glisse hors de la maison.
Dans la rue, elle voit un policier et lui demande :
« Sais-tu où se trouve le désert ?
— Beaucoup trop loin pour une petite fille comme toi », répond le policier en riant.
Justine rencontre un oiseau et lui demande :
« Sais-tu où se trouve le désert ?
L'oiseau répond :
— Justement, j'en viens.
— Et comment est-ce ? demande Justine.
— Chaud le jour et froid la nuit, répond l'oiseau. Et puis, c'est tout à fait désert, on n'y rencontre pas grand-monde.
— Ça me va, dit Justine. Mais où est le désert ?
— Par là », dit l'oiseau en battant d'une aile.

Justine se faufile dans un train et arrive au bord de la mer. Elle se faufile dans un bateau et arrive de l'autre côté de la mer.
De l'autre côté de la mer, il y a une ville. Justine traverse la ville et, devant elle, ne voit plus que du sable. Elle se dit :
« Voilà le désert ! »
Elle marche dans le désert.
Elle regarde et ne voit pas une maison, pas un magasin, personne.
Elle joue avec les grains de sable. Mais les grains de sable sont tous pareils. Et bientôt Justine en a assez.
Elle rencontre un lapin du désert. Elle lui demande :
« Sais-tu où je peux trouver de l'eau ?
Mais le lapin soupire :
— Les sources sont à sec ! »
Elle rencontre un renard du désert.
« Sais-tu où je peux trouver de l'eau ?
Mais le renard soupire :
— Les sources sont à sec ! »
Elle rencontre un serpent du désert, mais elle ne lui demande rien, car elle a peur qu'il ne la pique.
Justine a de plus en plus soif. Et puis, elle a envie de jouer. Mais il n'y a pas de jouets, dans le désert. Ni d'enfants avec qui jouer.
« Oh ! je voudrais rentrer à la maison, dit-elle.
Un dromadaire passe par là.
— Monte sur ma bosse, petite fille », dit-il.

D'après A. Pozner, *L'Armoire aux histoires,* Éd. F. Nathan.

Une bonne réponse = 1 point.

… Va plus loin… Imagine la suite.

10 - A L'AFFÛT

Voilà ce que tu vas chercher dans l'histoire « Les souliers de Chloé ».
1) Quelles sont les différentes sortes de chaussures portées par Chloé ?
2) Qu'est-ce qui sert au cordonnier pour faire les souliers de Chloé ?

Les souliers de Chloé

Ah ! Si Chloé avait des souliers solides et légers, des souliers pour courir et sauter à cloche-pied, comme elle serait contente !
Mais non ! Son père n'aime que les bottes et il veut toujours qu'elle en ait aux pieds. Dès le matin, il examine Chloé. Il dit :
« Voyons, es-tu bien chaussée ? As-tu mis tes bottes ? »
Et il emmène Chloé respirer dans la forêt. Chloé ramasse quatre glands que les écureuils lui ont lancés.
Quand Chloé revient de la forêt, sa mère lève les bras au ciel. Elle s'écrie :
« Toujours ces horribles bottes ! Enlève-les vite et mets tes pantoufles. »
Les pantoufles sont si confortables que les pieds de Chloé se gonflent de chaleur et qu'ils ne peuvent plus bouger. Chloé joue avec la souris blanche qui vient grignoter son pain et elle lui vole deux poils de moustache.
Ce jour-là, c'est mercredi. Chloé va déjeuner chez ses grands-parents. Mais elle est à peine arrivée que grand-mère s'écrie :
« Oh là ! là ! mon trésor chéri, pas de bottes ici ! Enlève-les et prends ces patins. »
Les patins de Chloé patinent de long en large, en travers et à reculons, sur les parquets cirés. Chloé

caresse le chat de grand-mère et elle récolte dans sa main une poignée de poils doux. L'après-midi, Chloé va chez sa marraine qui lui dit aussitôt :
« Déchausse-toi, mon ange et enfile ces chaussons de danse. »
Chloé se met sur la pointe des pieds, elle lève une jambe et... elle tombe par terre !
Mais sa marraine lui dit :
« Allons, ne fais pas cette tête-là ! Tiens, je te donne deux barrettes pour attacher tes cheveux. »
Chloé n'a pas le temps de remercier, son oncle l'emmène faire une balade en montagne. Mais il dit :
« D'abord, mets ces chaussures de montagne. »
Chloé marche, elle grimpe, elle s'essouffle, elle se tord les pieds sur les cailloux. Pour se consoler, Chloé ramasse de jolies peaux de lézard abandonnées sur une pierre. Et cela lui donne une idée. Quand elle redescend au village, elle s'arrête à la boutique du cordonnier. Elle vide le contenu de ses poches sur la table. Chloé demande :
« Avec tout ce qui est là, monsieur, est-ce que vous pourriez me faire des souliers ?
Le cordonnier réfléchit et il dit :
— Hum, avec ce qui est là, je peux seulement faire des souliers pour courir et sauter à cloche-pied. Reviens demain, ils seront prêts. »
Et le lendemain, Chloé découvre les plus légers souliers qu'on puisse imaginer : ils sont en lézard vert, doublés de poils de chat, des lacets en moustache de souris et, dessus, pour faire joli, il y a deux glands verts retenus avec des barrettes dorées.

C. de Marolle, « Les Souliers de Chloé »,
Les Belles histoires de Pomme d'api, n° 193, octobre 1988.

Une bonne réponse = 1 point.

11 - A L'AFFÛT

Voici ce que tu vas chercher dans l'histoire « La souris tombée du ciel ».

1) Comment s'appelle la souris ?
2) Qui dit : « Je suis très occupé » ?
3) Qui dit : « Dans quelques jours, vous serez guérie » ?
4) Qui dit : « Pourquoi pleures-tu, petite » ?
5) Qui dit : « Je te donnerai un peu de ma force » ?
6) Qui porte un sac avec des grains de blé ?
7) Complète la lettre de la souris sur ton cahier.

Lettre pour dire merci à ceux qui m'ont aidée :
Merci :
– au lapin qui m'a conseillé d'aller voir le rat ;

La souris tombée du ciel

Ce matin, Sophie la souris est sortie de son trou et s'en va trotter dans le grand pré, toute seule. Soudain, un immense oiseau, une buse, tombe sur elle et l'emporte dans ses serres. La petite souris se dit :
« Je suis perdue ! »

Pourtant, elle s'aperçoit qu'elle peut un peu bouger la tête. Elle plante ses dents dans la patte de l'oiseau. La buse sursaute, écarte ses serres et Sophie s'échappe. Elle tombe comme une pierre, évanouie.
Quand elle se réveille, elle essaie de bouger. Sa patte lui fait mal. Le coup de bec lui a déchiré le dos. Elle crie :
« Au secours ! Au secours ! »
Un lapin sort le nez de son terrier :
« Qu'est-ce qui se passe ?
Sophie raconte :
— Je suis tombée de très haut, une buse m'avait emportée ; et je me suis fait mal à...
Le lapin écoute à peine. Il dit :
— Oh ! là ! là ! je suis très occupé. Va voir le rat sous le saule. Il saura te soigner. »
Alors Sophie part en boitillant. Elle marche longtemps et elle arrive enfin à la porte du rat. Le rat ouvre en disant :
« Qu'est-ce que c'est ?
Sophie répond :
— Je suis blessée et ma patte...
Le rat dit :
— Je vois, je vois. Entrez !
Il lui fait un pansement et assure :
— Dans quelques jours, vous serez guérie. »
Voilà Sophie dehors. La nuit va tomber. Elle est toute seule dans le froid, perdue, sans abri et sans rien à manger. Un hérisson s'arrête et lui demande :
« Pourquoi pleures-tu, petite ?
Sophie s'écrie :
— Je ne sais où coucher !
Le hérisson répond :
— Ah, chez moi, on est terriblement piquant dans la famille ! Mais va donc voir le grand chêne. Tout le monde est bien accueilli chez lui. »

La nuit est presque tombée, quand Sophie arrive devant le chêne. Elle dit timidement :
« Monsieur le chêne, c'est moi, Sophie la souris. Le hérisson m'a dit... »
Alors Sophie entend comme un bruissement dans les feuilles :
« Installe-toi contre la mousse de mon tronc.
Endors-toi là. Je te donnerai un peu de ma force. »
Le lendemain, Sophie se sent mieux. Elle reprend son chemin. Mais elle a tellement faim ! Voilà un mulot, avec un sac sur le dos. Sophie dit :
« Excusez-moi, auriez-vous quelque chose à manger ?
Le mulot répond :
— Désolé, j'ai beaucoup d'enfants. Je ne peux vraiment rien donner en ce moment. »
Mais le sac était un peu troué. Et Sophie voit les grains de blé qui sont tombés. Elle commence à les croquer. Elle avance d'un grain à l'autre et tout à coup, elle se cogne contre un moineau lui aussi en train de picorer un grain que le mulot a laissé tomber.
Sophie demande :
« Pouvez-vous, s'il vous plaît, me dire si vous connaissez le pré du ruisseau brun ?
— C'est à côté ; suivez la piste des mulots dans l'herbe, le long de l'eau. »
Sophie a suivi la piste des mulots dans l'herbe, le long de l'eau et elle est arrivée chez elle.

A. M. Chapouton, « La Souris tombée du ciel »,
Les Belles histoires de Pomme d'api, n° 192, septembre 1988.

Une bonne réponse = 1 point.

1 - DROIT A L'INFORMATION

+ ATE

Lis la première question et parcours rapidement le texte pour trouver la réponse. Note-la.
Fais de même pour les autres questions.
1) Est-ce que le serpent à sonnette entend bien ?
2) Autrefois, la sonnette présentait un avantage : lequel ?
3) Aujourd'hui, la sonnette présente un inconvénient : lequel ?
4) Est-ce que le serpent à sonnette est dangereux pour l'homme ?
5) Qu'est-ce qui forme les grelots de la sonnette ?

Le serpent à sonnette

Comme son nom l'indique, ce qui est très spécial chez le serpent à sonnette, c'est sa... sonnette ! Il fait : Drinnng ? Non, plutôt : Hisss ! On peut l'entendre à plusieurs mètres !
Autrefois la sonnette permettait au serpent de signaler sa présence aux bisons pour que ceux-ci ne le piétinent pas. Maintenant, elle n'est plus une protection pour lui, car elle permet à l'homme de le repérer facilement et de le tuer de loin.
La sonnette se fabrique quand le serpent perd sa peau. A chaque fois, un morceau de sa peau reste accroché à sa queue. Il sèche, il durcit, et il forme un des grelots de la sonnette. Comme il perd sa peau environ quatre fois par an, s'il a 24 grelots à sa sonnette, il doit avoir à peu près six ans. Mais ce système pour calculer son âge n'est pas toujours juste, car parfois les grelots se cassent.
Le serpent à sonnette n'entend pas son propre bruit : il est complètement sourd ! Mais vous, si vous entendez : Hisss ! en vous promenant dans les plaines d'Arizona, prenez vos jambes à votre cou ! Parce qu'il a un venin très puissant qui peut être mortel.

D'après M. L. Drouet, *Astrapi,* n° 240, 1988.

Une information trouvée = 2 points.

2 - DROIT A L'INFORMATION

+ ATE

Lis la première question et parcours rapidement le texte pour trouver la réponse. Note-la.
Fais de même pour les autres questions.
1) Aurélie donne à manger trois fois par jour à son bébé tortue. A-t-elle raison ?
2) Quelle est la température maximum de l'eau dans l'aquarium ?
3) Pourquoi faire une plage avec des cailloux dans l'aquarium ?
4) Pourquoi l'eau de l'aquarium devient-elle trouble ?
5) Comment faire pour que les tortues s'endorment ?

Que faire pour bien installer les tortues d'eau ?

Les tortues d'eau ou tortues aquatiques ont besoin... d'eau et d'espace. Il faut les installer dans un aquarium de 60 litres, rempli aux deux tiers, avec une plage dans un coin, c'est-à-dire quelques cailloux qui dépassent. Les tortues peuvent ainsi se sécher de temps en temps. La meilleure température de l'eau, c'est 25°. Attention ! Elle ne doit pas dépasser 28°.

Les tortues doivent-elles dormir tout l'hiver ?

Si tu maintiens la température de l'eau à 25°, et si tu continues à la nourrir, la tortue n'hibernera pas, c'est-à-dire ne s'endormira pas pendant les mois d'hiver. Mais si tu veux lui accorder 3 ou 4 semaines de repos (c'est bon pour sa santé), refroidis l'eau à 12 ou 15°. Elle se mettra à dormir pour plusieurs semaines. Tu la réveilleras en réchauffant l'eau.

Comment les nourrir ?

En variant les menus ! De la viande hachée, des morceaux de poisson, de petits insectes, des feuilles de salade. Sers 1 ou 2 repas par jour à tes jeunes tortues. Pour les adultes, 1 repas par jour suffira.

Quand doit-on changer l'eau ?

Si on la change peu souvent (tous les 15 jours), il faut veiller à ce que des aliments, des plantes mortes, ne restent pas dans l'eau.
Si tu le peux, change-la plus souvent. Les écailles de la carapace se renouvellent sans cesse, elles partent en morceaux très fins et rendent l'eau un peu trouble.

D'après *Wapiti*, n° 20, novembre 1988.

Une information trouvée = 2 points.

3 - DROIT A L'INFORMATION + ATE

Lis la première question et parcours rapidement le texte pour trouver la réponse. Fais de même pour les autres questions. Le nombre d'étoiles t'indique le nombre d'informations à donner pour chaque réponse.

- ★ **1) Comment s'appelle la racine du milieu du chêne ?**
- ★ **2) Dans quelle partie du chêne habitent les chenilles ?**
- ★ **3) Le chêne a-t-il de nombreux amis ?**
- ★ **4) Quel est le meilleur ami du chêne ?**
- ★★ **5) Qui peut transmettre des maladies au chêne ?**
- ★ **6) Comment peut-on calculer l'âge d'un arbre ?**
- ★★ **7) Quels sont les ennemis du chêne ?**
- ★ **8) Qu'est-ce qui pousse au pied du chêne ?**

L'écorce

C'est la peau du chêne. Des petits animaux comme les mille-pattes, les chenilles, les pucerons, les coccinelles y habitent comme à l'hôtel.

Les racines

La partie du chêne qui s'enfonce sous terre est immense. La racine du milieu s'appelle le pivot. Elle soutient l'arbre, aidée par les grosses racines des côtés.

Le tronc
Tous les ans, un nouvel anneau se forme dans le tronc ; si tu veux calculer l'âge d'un arbre, il suffit de compter ses anneaux.

Les maladies
Comme nous, un chêne peut être malade et même en mourir. Les insectes et certains champignons lui transmettent des maladies.

Les amis du chêne
Ils se comptent sur les doigts. Ses meilleurs amis sont les vers de terre qui aèrent la terre en creusant des galeries. Grâce à eux, la pluie imbibe le sol comme une éponge.

Les ennemis souterrains
Pauvre chêne ! Des tas d'ennemis grouillent sous ses pieds comme les mulots, les taupes qui mangent ses racines.

Les champignons
Des champignons, comme les cèpes et les girolles, poussent au pied du chêne. Ils lui sont utiles et ils en profitent pour pomper un peu de sa nourriture.

D'après « Les Secrets du chêne », *Astrapi,* n° 240, octobre 1988.

Une information trouvée = 1 point.

4 - DROIT A L'INFORMATION

+ ATE

Lis la première question et parcours rapidement le texte pour trouver la réponse. Fais de même pour les autres questions. Le nombre d'étoiles t'indique le nombre d'informations à donner pour chaque réponse.

- ★★ **1) Quels sont les arbres qui vivent dans les régions où il pleut beaucoup ? Tu en notes deux.**
- ★★ **2) Quels sont les deux principaux dangers qui menacent la forêt ?**
- ★★ **3) Quels sont les arbres qui vivent dans les régions sèches ?**
- ★★★★ **4) A quoi sert le bois ?**

LA FORÊT FRANÇAISE

Les arbres choisissent leur climat

Dans les régions qui bordent la mer Méditerranée, l'olivier ou le pin peuvent résister à la sécheresse de l'été. Dans d'autres régions françaises où les pluies sont abondantes, comme en Auvergne, les chênes, les hêtres ou les châtaigniers atteignent une haute taille. Le sapin résiste bien au climat froid des montagnes.

L'exploitation de la forêt

La France possède encore de grandes forêts comme celle des Landes ou de Sologne. Les bûcherons scient les troncs d'arbres qui servent à fabriquer des meubles, des planches ou du papier. Le bois est aussi utilisé pour le chauffage.

La protection des forêts et le reboisement

La forêt doit être protégée contre les incendies et la pollution de l'air. Chaque année, il faut aussi planter de nouveaux arbres pour remplacer ceux qui ont été abattus par les bûcherons. Ce reboisement permet d'éviter la disparition des forêts.

D'après J. Combes, A. Mercier, *Histoire géographie éducation civique,* CE 1, Éd. F. Nathan.

Une information trouvée = 1 point.

5 - DROIT A L'INFORMATION

+ ATE

Lis la première question et parcours rapidement le texte pour trouver la réponse. Fais de même pour les autres questions. Le nombre d'étoiles t'indique le nombre d'informations à donner pour chaque réponse.

★ **1) Que fait l'éléphant pour se protéger des piqûres d'insectes ?**

★ **2) Que fait le petit éléphant quand il ne veut plus marcher ?**

★ **3) Pourquoi les singes se sauvent-ils quand ils voient un éléphant ?**

★ **4) Comment s'appelle la dent située de chaque côté de la trompe de l'éléphant ?**

★ **5) Un explorateur raconte qu'il a soigné un éléphant blessé que la troupe avait abandonné. Est-ce possible ?**

★ **6) Quelle est la durée de vie d'un éléphant ?**

★ **7) L'éléphant aime-t-il se baigner ?**

★★★ **8) A quoi servent les défenses de l'éléphant ?**

L'éléphant

L'éléphant est le plus grand animal de la terre. Il se fait remarquer par la longueur de son nez qu'on appelle la trompe et deux immenses oreilles.

L'éléphant a quatre grosses dents en ivoire et, de chaque côté de la trompe, une dent très longue, très lourde : la défense. Il utilise ses défenses pour soulever des branches, pour se défendre ou pour arracher l'écorce des arbres qu'il aime mâcher longuement.

Les éléphants vivent en troupeaux de dix à vingt animaux. Les mâles les plus vieux abandonnent le troupeau et vivent seuls.

Quand les éléphants se déplacent, le petit éléphant s'accroche par la trompe à la queue de sa maman.

L'éléphant est très fort. Il peut déraciner un arbre. Il se sert de sa trompe comme d'une main. Ce géant est si adroit qu'il peut chiper un œuf d'oiseau dans un nid. L'éléphant cogne son large

front contre les troncs d'arbres pour faire tomber les fruits mûrs dont il se régale. Les singes, perchés sur les branches, ont peur d'être secoués comme des noix de coco. Dès qu'ils voient un éléphant, ils se sauvent.
L'éléphant disparaît sous l'eau comme un sous-marin, seul le bout de sa trompe reste visible. Il passe des heures à se doucher et fait des kilomètres pour un bain.
Quand il veut intimider ses ennemis, l'éléphant claque ses oreilles, relève sa trompe vers le ciel et fait semblant d'attaquer. Quand il attaque vraiment, c'est-à-dire quand il charge, il rentre sa trompe entre ses pattes, barrit et en avant !
Il fait très chaud en Afrique, dans la jungle. Les insectes sont nombreux. Pour se protéger de leurs piqûres, les éléphants s'aspergent de boue avec leur trompe.
Un éléphant malade ou blessé n'est jamais abandonné. Sa famille le caresse avec sa trompe, tente de le remettre sur ses pattes.
L'éléphant vit entre soixante et soixante-dix ans. L'homme a longtemps chassé l'éléphant pour ses défenses. Aujourd'hui, il est interdit de le chasser.

D'après N. Saunier, *L'Éléphant,* Éd. F. Nathan.

Une information trouvée = 1 point.

CORRIGÉS

CHAPITRE 1 : Je vois mieux et plus

Qu'est-ce que c'est ?

Exercice 1 (p. 10)
1. tasse - 2. timbre - 3. tigre - 4. tracteur - 5. tarte - 6. porte - 7. tiroir - 8. tabouret - 9. table - 10. trois.

Exercice 2 (p. 10)
1. singe - 2. stylo - 3. sapin - 4. serpent - 5. sonnette - 6. souris - 7. avion - 8. sac - 9. salade - 10. sel.

Exercice 3 (p. 11)
1. orange - 2. lit - 3. lune - 4. lait - 5. lézard - 6. lavabo - 7. lion - 8. kangourou - 9. lèvres - 10. lampe.

Exercice 4 (p. 11)
1. hibou - 2. fleur - 3. escargot - 4. fourmi - 5. fourchette - 6. facteur - 7. flèche - 8. fée - 9. fraise - 10. hélicoptère.

Exercice 5 (p. 12)
1. rose - 2. requin - 3. arbre - 4. robot - 5. jupe - 6. raisin - 7. radis - 8. radio - 9. journal - 10. réveil.

Exercice 6 (p. 12)
1. vache - 2. vingt - 3. vélo - 4. verre - 5. veste - 6. valise - 7. ville - 8. volant - 9. village - 10. ver de terre.

Exercice 7 (p. 13)
1. marteau - 2. nid - 3. manteau - 4. moto - 5. marguerite - 6. micro - 7. nez - 8. niche - 9. masque - 10. oreille.

Exercice 8 (p. 13)
1. piano - 2. pinceau - 3. panier - 4. plume - 5. pyjama - 6. pantalon - 7. parapluie - 8. papillon - 9. baignoire - 10. pont.

Exercice 9 (p. 14)
1. drapeau - 2. pain - 3. quatre - 4. dominos - 5. dés - 6. deux - 7. dindon - 8. douche - 9. diapositive - 10. quilles.

Exercice 10 (p. 14)
1. banane - 2. bouteille - 3. brosse - 4. berceau - 5. banc - 6. baleine - 7. poule - 8. balançoire - 9. bateau - 10. bouchon.

Exercice 11 (p. 15)
1. guitare - 2. grue - 3. guignol - 4. étoile - 5. gants - 6. gâteaux - 7. girafe - 8. gendarme - 9. garage - 10. grenouille.

Exercice 12 (p. 15)
1. crayon - 2. cartable - 3. escalier - 4. casserole - 5. cerises - 6. camion - 7. coccinelle - 8. cirque - 9. clown - 10. chaise.

Exercice 13 (p. 16)
1. taxi - 2. électrophone - 3. zéro - 4. photo - 5. zèbre - 6. éléphant - 7. montagne - 8. yaourt - 9. phares - 10. yeux.

Exercice 14 (p. 16)
1. ballon - 2. pigeon - 3. toit - 4. loup - 5. roue - 6. montre - 7. clous - 8. armoire - 9. confiture - 10. violon.

Exercice 15 (p. 17)
1. abeille - 2. peigne - 3. corbeille - 4. feuilles - 5. soleil - 6. aiguille - 7. éclair - 8. écureuil - 9. maison - 10. feu.

Exercice 16 (p. 17)
1. lapin - 2. champignon - 3. langue - 4. auto - 5. chien - 6. corbeau - 7. esquimau - 8. veau - 9. château - 10. pingouin.

Quelles lettres ?

Exercice 1 (p. 18)
Tulipe - cloche - balai - pie - chaussette - vipère - mouchoir - sorcière - ping-pong - toboggan.

Exercice 2 (p. 18)
Chameau - école - judo - fauteuil - tapis - hôpital - autoroute - canard - robinet - garçon.

Exercice 3 (p. 19)
Boucher - casque - cygne - bracelet - pâquerette - pendule - pigeon - harmonica - cuillère - noix.

Exercice 4 (p. 19)
Cabane - fourchette - ambulance - taureau - parasol - calendrier - pantoufle - sirop - disque - robe.

VU !

Exercice 1 (p. 20)
1. veste - 2. couronne - 3. carotte - 4. brioche - 5. nain - 6. biberon - 7. champignon - 8. lunettes - 9. tente - 10. plante.

Exercice 2 (p. 21)
1. ruche - 2. traîneau - 3. bouteille - 4. râteau - 5. patin - 6. renard - 7. gare - 8. souris - 9. clef - 10. tableau.

Exercice 3 (p. 22)
1. soulier - 2. fleur - 3. ciseaux - 4. hibou - 5. parachute - 6. bougie - 7. cage - 8. loupe - 9. moule - 10. poisson.

Exercice 4 (p. 23)
1. botte - 2. balle - 3. savon - 4. chaussure - 5. oreiller - 6. radiateur - 7. chèvre - 8. tortue - 9. glaçon - 10. pompier.

Exercice 5 (p. 25)
1. voiture de course - 2. aiguille à tricoter - 3. carte postale - 4. corde à sauter - 5. lampe de poche.

Exercice 6 (p. 26)
1. sac à dos - 2. passage à niveau - 3. livres sur les rayons - 4. machine à laver - 5. feu rouge.

Clic-clac

Exercice 1 (p. 27)
Tard : 27 - deux : 20 - la mère : non - il crie : 9 - le film : non.

Exercice 2 (p. 28)
Heureux : non - à minuit : 28 - avec joie : non - il fait jour : 9 - il gèle : 25.

Exercice 3 (p. 29)
Un ours savant : non - une mobylette : 27 - la récréation : 23 - un ciel bleu : 14 - tout de suite : non.

Le jeu des erreurs

Exercice 1 (p. 30)
Poules - boulet - bois - malade - désert - bateau - clous - place - maison - poisson.

Exercice 2 (p. 30)
La source : non - le chemin : non - un bond : 9 - la mer : non - la brasse : non - sourire : 1, 6 - souligner : non - le climat : non - la course : 2, 7 - la pluie : non.

Exercice 3 (p. 31)
Impossible : non - le miel : 10 - l'étage : non - une grotte : 2, 5, 7 - une goutte : non - inutile : 4, 8 - le ciel : 3 - l'étape : 1 - un rocher : non - un secret : 6, 9.

Que font-ils ?

Exercice 1 (p. 31)
A 11 - B 7 - C 1 - D 8 - E 2 - F 5 - G 10 - H 12 - I 3 - J 4 - K 13.

Exercice 2 (p. 33)
A 8 - B 6 - C 10 - D 1 - E 12 - F 4 - G 3 - H 2 - I 7 - J. 11.

Exercice 3 (p. 34)
A 11 - B 6 - C 1 - D 10 - E 3 - F 8 - G 13 - H 5 - I 2 - J 4.

Qu'est-ce qui manque ?

Exercice 1 (p. 35)
1. les bougies - 2. la cage - 3. la boîte - 4. deux pommes - 5. la baguette - 6. le cartable - 7. le poisson - 8. la casquette - 9. la voiture - 10. le bol.

Exercice 2 (p. 37)
1. les pantoufles - 2. les lunettes - 3. le ballon - 4. le bouquet - 5. la barbe - 6. le bâton - 7. l'appareil photo - 8. le bonnet - 9. la fleur - 10. le chapeau.

CHAPITRE 2 : Je joue avec les mots

Les deux font la paire

Exercice 1 (p. 40)
1. un pique-nique - 2. un rouge-gorge - 3. un marteau-piqueur - 4. une grand-mère - 5. un timbre-poste - 6. un garde-manger - 7. un cerf-volant - 8. un chou-fleur - 9. un porte-clefs - 10. un coffre-fort - 11. un protège-cahier.

Exercice 2 (p. 40)
1. un couvre-lit - 2. un taille-crayon - 3. un remonte-pente - 4. un snack-bar - 5. un rendez-vous - 6. un tire-bouchon - 7. un pull-over - 8. un casse-noisette - 9. un perce-neige - 10. du remue-ménage.

Exercice 3 (p. 41)
1. une chauve-souris - 2. un camping-car - 3. un sous-marin - 4. une plate-forme - 5. un abat-jour - 6. l'après-midi - 7. le nouveau-né - 8. un château-fort - 9. un passe-temps - 10. un lave-vaisselle.

Deux par deux

Exercice 1 (p. 42)
2 k - 3 a - 4 j - 5 d - 6 h - 7 i - 8 b - 9 f - 10 c - 11 e.

Exercice 2 (p. 42)
1 f - 2 h - 3 g - 4 a - 5 j - 6 d - 7 e - 8 i - 9 b - 10 c.

Exercice 3 (p. 43)
1 i - 2 f - 3 a - 4 j - 5 g - 6 c - 7 h - 8 b - 9 d - 10 e.

Exercice 4 (p. 43)
1 e - 2 f - 3 j - 4 i - 5 h - 6 g - 7 b - 8 c - 9 a - 10 d.

La pêche aux mots

Exercice 1 (p. 44)
1. pantalon - 2. pomme - 3. pigeon - 4. crayon - 5. lavabo - 6. autocar - 7. vert - 8. deux - 9. lait - 10. étoile - 11. nez.

Exercice 2 (p. 45)
1. genou - 2. fourchette - 3. livre - 4. oreiller - 5. savon - 6. volant - 7. printemps - 8. timbre - 9. pluie - 10. ski.

Exercice 3 (p. 46)
1. guignol - 2. mère - 3. football - 4. étable - 5. fumée - 6. avion - 7. vipère - 8. gare - 9. médicament - 10. cahier.

Exercice 4 (p. 47)
1. mardi - 2. cheval - 3. toboggan - 4. toit - 5. film - 6. flan - 7. clown - 8. cheville - 9. plongeoir - 10. fraise.

Chasse le pirate

Exercice 1 (p. 48)
1. 1) carnaval ; 2) désignent des bateaux.
2. 1) couvercle ; 2) désignent des matières scolaires (ce que l'on étudie en classe).
3. 1) orange ; 2) désignent des légumes.
4. 1) mathématiques ; 2) désignent des sports.
5. 1) robe ; 2) désignent des fleurs.
6. 1) soupe ; 2) désignent des jeux.

Exercice 2 (p. 49)
1. 1) canari ; 2) désignent des animaux à poils.
2. 1) conte ; 2) désignent des outils.
3. 1) vacances ; 2) désignent des maladies.
4. 1) dinde ; 2) désignent des poissons.
5. 1) poulailler ; 2) désignent des arbres.

Exercice 3 (p. 50)
1. 1) artiste ; 2) désignent des mois de l'année.
2. 1) mouchoir ; 2 désignent des insectes.
3. 1) lion ; 2) désignent des animaux de la ferme.
4. 1) oncle ; 2) se rapportent au camping.
5. 1) paresseux ; 2) désignent des qualités.

Exercice 4 (p. 51)

1. 1) bataille ; 2) désignent des magasins.
2. 1) écrire ; 2) désignent des bruits.
3. 1) fer à repasser ; 2) se rapportent au train.
4. 1) tiroir ; 2) désignent une habitation.
5. 1) patinoire ; 2) désignent des instruments de musique.

Exercice 5 (p. 52)

1. 1) vitre ; 2) désignent des pièces dans une maison.
2. 1) cerf-volant ; 2) désignent des véhicules (des moyens de transport).
3. 1) aiguille ; 2) désignent des oiseaux.
4. 1) placard ; 2) désignent des sièges.
5. 1) poubelle ; 2) désignent de la vaisselle.

Les mots opposés

Exercice 1 (p. 53)

Court / long - affreux / joli - partir / revenir - triste / joyeux - décoller / atterrir - grand / petit - éteint / allumé - s'endormir / s'éveiller - chaud / froid - vide / plein - beaucoup / peu.

Exercice 2 (p. 53)

Jeune / vieux - aimable / désagréable - se coucher / se lever - rapide / lent - riche / pauvre - loin / proche - propre / sale - aimer / détester - pleurer / rire - pareil / différent.

Exercice 3 (p. 54)

Gagner / perdre - lourd / léger - bâtir / démolir - sombre / clair - devant / derrière - monter / descendre - fermer / ouvrir - premier / dernier - finir / commencer - en haut / en bas.

Les mots voisins

Exercice 1 (p. 54)

Chuchoter / murmurer - début / commencement - pareil / semblable - se souvenir / se rappeler - visage / figure - attraper / saisir - effrayé / épouvanté - vêtement / habit - casser / briser - éclairé / illuminé - carreau / vitre.

Exercice 2 (p. 55)

Peur / crainte - interdit / défendu - trembler / frissonner - riche / fortuné - bagage / colis - urgent / pressé - joyeux / gai - s'amuser / se divertir - exact / juste - étourdi / distrait.

Devinettes

Exercice 1 (p. 55)

1. montre - 2. noyau - 3 boulangerie - 4. larmes - 5. imperméable - 6. horloger.

Exercice 2 (p. 56)

1. ambulance - 2. balance - 3. maisons - 4. cage - 5. dentiste.

Exercice 3 (p. 56)

1. boucherie - 2. bouée - 3. avion - 4. wagon - 5. île.

Exercice 4 (p. 57)

1. garage - 2. casque - 3. luge - 4. laisse - 5. lit.

Exercice 5 (p. 57)

1. allumettes - 2. timbres - 3. affiches - 4. sous-marin - 5. violon.

CHAPITRE 3 : Je prévois

Des mots grignotés

Exercice 1 (p. 60)

Toujours - taquinent - revoir - crier - tête - malade - voiture - jamais - envoyé - photo.

Exercice 2 (p. 61)

Veut - prend - parle - maison - câlins - dominos - berceau - vacances - longtemps - pour.

Exercice 3 (p. 62)

Volant - garage - fabriqué - route - roule - doucement - attend - maintenant - mon - bien - virage - freines - conduit - ordinateur - Comment - ans - attention - face - plus - nuit.

Exercice 4 (p. 62)

Bois - soudain - problème - trouve - passe - pied - panne - plus - pente - traverse - coup - mur - horreur - écrasé - minutes - yeux - que - allume - chambre - peur.

Des mots disparus

Exercice 1 (p. 64)

1. mettre - 2. poupée - 3. fâche - 4. attrape - 5. finis - 6. continue - 7. maîtresse - 8. toit - 9. laver - 10. attends.

Exercice 2 (p. 65)

1. termine (ou finis) - 2. mère (ou maman) - 3. chose - 4. page - 5. éteint - 6. lit - 7. papa (ou père) - 8. désert - 9. sait - 10. personne.

Exercice 3 (p. 66)

1. regarda - 2. tête - 3. regardant - 4. couler - 5. cuisine - 6. téléphona - 7. côté - 8. suite - 9. pleurer - 10. lit.

Exercice 4 (p. 67)

1. eau - 2. chercher - 3. remplissaient - 4. chambre - 5. gouttes - 6. fini - 7. alla - 7. larmes - 8. crois (ou pense) - 10. canapé.

Détecteur d'anomalies

Exercice 1 (p. 68)

Fabriquer - vendeur - guitare - crabe - miauler - reniflez - nager - train - années - nez.

Exercice 2 (p. 69)

Rhinocéros - automobile - pieds - manger - nagea - nuage - roues - œufs - endormi - Docteur.

Exercice 3 (p. 70)

Écrire - feu - escalier - moucher - métro - peigne - loup - Arthur - tigres - dormir.

---

1. Le corrigé de ces exercices mentionne les mots du texte d'origine. D'autres possibilités existent et sont à accepter.

CHAPITRE 4 : Je bâtis les phrases

Les phrases coupées

Exercice 1 (p. 72)
1 j - 2 i - 3 b - 4 c - 5 g - 6 e - 7 a - 8 f - 9 d - 10 k - 11 h.

Exercice 2 (p. 72)
1 f - 2 i - 3 h - 4 j - 5 b - 6 c - 7 d - 8 e - 9 g - 10 a.

Exercice 3 (p. 73)
1 d - 2 f - 3 j - 4 a - 5 i - 6 g - 7 b - 8 c - 9 e - 10 h.

Exercice 4 (p. 73)
1 d - 2 f - 3 g - 4 b - 5 i - 6 c - 7 j - 8 a - 9 h - 10 e.

Bric-à-brac

Exercice 1 (p. 74)

1)
1. L'autobus est complet.
2. Le gendarme arrête l'automobiliste.
3. Le feu passe au vert.
4. A qui appartient ce stylo ?
5. Le clown amuse les spectateurs.
6. La pluie rend la route glissante.
7. Les hérissons naissent sans leurs piquants.
8. L'hippopotame se roule dans la boue.
9. Les aigles volent au-dessus du troupeau.

2) Phrase n° 8.

Exercice 2 (p. 75)

1)
1. De gros nuages cachent le soleil.
2. La perdrix s'envole devant le chasseur.
3. Les châteaux-forts sont entourés de fossés.
4. Il a beaucoup neigé sur la forêt.
5. Les Indiens poussent leur cri de guerre.
6. Le camion a dérapé dans le virage.
7. Le directeur de l'école reçoit les parents.
8. Ma sœur prend des leçons à l'auto-école.
9. La peau des dauphins est toujours mouillée.

2) Phrase n° 5.

Exercice 3 (p. 76)

1)
1. Les équilibristes savent marcher sur une corde.
2. Les branches du pommier se couvrent de fleurs.
3. L'écureuil mange des noisettes en haut de l'arbre.
4. Le père Noël porte une hotte sur le dos.

2) Phrase n° 1.

3) Pas de corrigé.

Phrases mélangées

Exercice 1 (p. 77)
1. Le vent est si froid qu'il rougit le bout du nez.
   La maison des eskimos est construite avec des blocs de glace.
2. Le reportage sur les chiens de traîneaux était passionnant.
   Le parking du premier sous-sol peut contenir 85 voitures.
3. On mange la galette des rois le premier dimanche de janvier.
   Il est dangereux de se pencher par la portière d'une voiture.
4. Les enfants ont découvert un trésor dans les ruines du château.
   La fée a transformé la grenouille en princesse.
5. Le lion rugit si fort que tous les animaux tremblent.
   La journaliste a interrogé les témoins de l'accident.

Exercice 2 (p. 78)
1. Les enfants ont fait un bonhomme de neige plus grand que leur père.
   Le moineau a dévoré toutes les cerises.
2. Les courses de moto ont lieu sur des circuits.
   Un concours de châteaux de sable est organisé sur la plage.
3. La nuit du 23 juin est la nuit la plus courte de l'année.
   Les animaux ont souvent peur de l'orage.
4. La conductrice a mis les valises dans le coffre de la voiture.
   Les promeneurs sont surpris par la pluie.
5. Les fourmis ont préparé leurs provisions pour l'hiver.
   Le singe s'agrippe à une branche et se balance.

CHAPITRE 5 : Je bâtis les histoires

Bip... Bip... Lignes brouillées

Exercice 1 (p. 80)
1 B - 2 F - 3 D - 4 A - 5 E - 6 C.

Exercice 2 (p. 81)
1 B - 2 E - 3 D - 4 A - 5 C.

Exercice 3 (p. 82)
1 C - 2 E - 3 B - 4 A - 5 I - 6 H - 7 J - 8 F - 9 G - 10 D.

Histoire puzzle

Exercice 1 (p. 84)
1 D - 2 C - 3 E - 4 A - 5 B - 6 F.

Exercice 2 (p. 85)
1 C - 2 E - 3 B - 4 A - 5 D.

Exercice 3 (p. 86)
1 A - 2 E - 3 D - 4 F - 5 C - 6 B.

Exercice 4 (p. 88)
1 A - 2 D - 3 B - 4 F - 5 E - 6 C.

Exercice 5 (p. 90)
1 D - 2 B - 3 A - 4 E - 5 C.

Exercice 6 (p. 91)
1 A - 2 C - 3 F - 4 D - 5 B - 6 E.

Exercice 7 (p. 92)
1 C - 2 E - 3 B - 4 A - 5 D.

Exercice 8 (p. 93)
1 A - 2 F - 3 B - 4 E - 5 D - 6 C.

CHAPITRE 6 : Je découvre les histoires

Lis vite et comprends bien !

Exercice 1 (p. 95)
1 b - 2 a - 3 c - 4 b - 5 a.

Exercice 2 (p. 97)
1 c - 2 b - 3 a - 4 c - 5 a.

Exercice 3 (p. 99)
1 c - 2 a - 3 c - 4 a - 5 b.

Exercice 4 (p. 101)
1 a - 2 b - 3 c - 4 a - 5 c.

Exercice 5 (p. 103)
1 b - 2 c - 3 b - 4 a - 5 b.

Exercice 6 (p. 105)
1 c - 2 a - 3 a - 4 c - 5 a.

Exercice 7 (p. 107)
1 c - 2 a - 3 b - 4 c - 5 a.

Exercice 8 (p. 108)
1 c - 2 a - 3 b - 4 c - 5 b.

Exercice 9 (p. 111)
1 c - 2 c - 3 a - 4 c - 5 a.

CHAPITRE 7 : J'exerce ma mémoire

Enregistre...

Exercice 1 (p. 114)
1 b - 2 c - 3 b - 4 a - 5 b.

Exercice 2 (p. 115)
1 b - 2 c - 3 b - 4 a - 5 c.

Retenu ! S.O.S. Mémoire

Pour corriger ces exercices, il suffit de se reporter aux textes de départ.

CHAPITRE 8 : Je lis pour agir

Où est la réponse ?

Exercice 1 (p. 126)
1 C - 2 D - 3 E - 4 B - 5 A.

Exercice 2 (p. 127)
1 D - 2 B - 3 A - 4 E - 5 C.

Exercice 3 (p. 128)
Les débuts de l'aviation
1) 1 B - 2 C - 3 A.
2) Pas de corrigé car il existe plus d'une possibilité.
L'autruche
1) 1 A - 2 B.
2) L'autruche est un grand oiseau. Elle pond des œufs de plus d'un kilo.

Exercice 4 (p. 129)
Les premiers pas sur la lune
1) 1 B - 2 C - 3 A.
2) Pas de corrigé car il existe plus d'une possibilité.
Le dinosaure
1) 1 B - 2 A.
2) Pas de corrigé car il existe plus d'une possibilité.

Où est la question ?

Exercice 1 (p. 130)
1 B - 2 D - 3 A - 4 C - 5 E.

Exercice 2 (p. 131)
1 D - 2 C - 3 A - 4 B - 5 E.

A toi de poser les questions

Pas de corrigé car il existe beaucoup de possibilités.

Mission accomplie

Exercice 1 (p. 135)
1 g - 2 d - 3 i - 4 c - 5 a - 6 k - 7 h - 8 j - 9 b - 10 e - 11 f.

Exercice 2 (p. 136)
Pas de corrigé.

Code secret

Exercice 1 (p. 136)
Bravo.

Exercice 2 (p. 137)
Pigeon vole.

Qu'est-ce qui était demandé ?

Exercice 1 (p. 138)
1 B - 2 D - 3 A - 4 C - 5 E - 6 B.

Exercice 2 (p. 139)
1 C - 2 E - 3 B - 4 A - 5 D.

Exercice 3 (p. 140)
1 C - 2 E - 3 A - 4 B - 5 D.

A toi de dire ce qu'il faut trouver

Exercice 1 (p. 141)
1) Combien de voitures sont-elles passées au péage dans la journée ?
(ou : Calcule le nombre de voitures passées au péage dans la journée).
2) Combien Cyril a-t-il de billes ?
3) Combien le bateau a-t-il parcouru de kilomètres ?
4) Combien de sacs sont-ils emportés dans la voiture ?
5) Combien reste-t-il d'enfants à l'école ?

Exercice 2 (p. 141)
1) A quelle heure Aline part-elle du zoo ?
2) Combien Rachid a-t-il de crayons de couleur ?
3) Combien de temps dure le voyage ?
4) Quelle est la durée des vacances de Firmin ? (ou : le nombre de jours de vacances de Firmin).
5) Combien de livres y a-t-il dans la bibliothèque de l'école ?

CHAPITRE 9 : Je lis pour chercher

Repéré !

Exercice 1 (p. 144)
1) Ballon - livres - canne à pêche - cahier de devoirs de vacances - pelle - sept bonnets - lunettes de soleil.
2) Canne à pêche - cahier de devoirs de vacances - sept bonnets.

Exercice 2 (p. 145)
1) Feutres - cahier - pot de colle - ardoise - lait - chocolat en poudre - sucre en morceaux - bananes - carottes.
2) Lait.

Exercice 3 (p. 146)
1) Une orange - un citron - une poire - une banane - une pêche - des fraises - des framboises - du sucre.
2) Ananas - cerises.

A l'affût

Exercice 1 (p. 147)
Histoires : 1 - 3 - 4 - 6 - 7 - 8 - 9 - 10 - 12 - 14.

Exercice 2 (p. 148)
Histoires : 1 - 2 - 7 - 8 - 9 - 10 - 11 - 13 - 16 - 17.

Exercice 3 (p. 149)
1) Vendredi - 2) quatre (4) - 3) cinq (5) - 4) trente et un (31) - 5) jeudi - 6) 7 - 7) 24 - 8) vendredi - 9) quatre (4) - 10) vingt et un (21).

Exercice 4 (p. 150)
1) Pain - galettes - bouillie - soupe - pommes - olives - figues - fruits sauvages - racines - glands.
2) Gibier - poissons - pâtés - plats épicés - gâteaux de miel.

Exercice 5 (p. 150)
1) Chaumière. 2) Lit - table. 3) Blé - avoine - seigle.
4) Moutons - porcs - oies - poules.

Exercice 6 (p. 151)

1)

Ce qui se mange
Six tranches de pain Deux pommes Morceau de gruyère Jambon

Ce qui ne se mange pas
Argent Pull-over Anorak Mouchoir Brosse à dents

2) Cartable.

Exercice 7 (p. 152)

Menu préparé par le chat
— Lait
— Un poisson
— Un biscuit

Menu préparé par le perroquet
— Tranches de bœuf rôti
— Pommes de terre
— Petits pois
— Haricots verts
— Salade du jardin
— Corbeille de fruits
— Gâteaux
— Thé

Exercice 8 (p. 154)

1) Lapin - tortue - ours - loup - renard - moineau - bélier - chèvre - chien.
2) Biquette la chèvre.

Exercice 9 (p. 155)

1) Un policier - un oiseau. 2) Train - bateau. 3) Lapin - renard - serpent, dromadaire. 4) L'oiseau. 5) Grains de sable.

Exercice 10 (p. 157)

1) Bottes - pantoufles, - patins - chaussons de danse - chaussures de montagne.
2) Glands - moustaches de souris - poils de chat - barrettes dorées - peaux de lézard.

Exercice 11 (p. 159)

1) Sophie. 2) Le lapin. 3) Le rat. 4) Le hérisson. 5) Le chêne. 6) Le mulot.

7) Merci :
— au rat qui m'a soignée ;
— au hérisson qui m'a conseillé d'aller voir le chêne ;
— au chêne qui m'a donné un abri ;
— au moineau qui m'a indiqué mon chemin.

Droit à l'information

Exercice 1 (p. 162)

1) Non, il est sourd. 2) Signaler sa présence aux bisons. 3) La sonnette permet à l'homme de le repérer. 4) Oui, à cause de son venin. 5) La peau séchée accrochée à sa queue.

Exercice 2 (p. 163)

1) Non, un ou deux repas par jour suffisent. 2) 28°. 3) Pour que la tortue puisse se sécher. 4) A cause des écailles de la carapace qui partent en morceaux très fins. 5) Il faut refroidir l'eau.

Exercice 3 (p. 164)

1) Le pivot. 2) Dans l'écorce. 3) Non. 4) Les vers de terre. 5) Les insectes, certains champignons. 6) En comptant ses anneaux. 7) Les mulots, les taupes. 8) Des champignons.

Exercice 4 (p. 166)

1) Les chênes, les hêtres, les châtaigniers.
2) Les incendies, la pollution de l'air.
3) L'olivier, le pin.
4) A fabriquer des **meubles**, des **planches**, du **papier** ; il est utilisé pour le **chauffage**.

Exercice 5 (p. 167)

1) Il s'asperge de boue avec sa trompe. 2) Il s'accroche par la trompe à la queue de sa mère. 3) Parce qu'ils ont peur d'être secoués. 4) La défense. 5) Non, parce qu'un éléphant blessé n'est jamais abandonné par les autres. 6) De 60 à 70 ans. 7) Oui. 8) Elles servent à : soulever des branches, se defendre, arracher l'écorce des arbres.

TABLE DES MATIÈRES

N° d'Éditeur : 10092552 - (XVII) - (384) - OSBS 80° - Mars 2002
Imprimé par CLERC S.A. - 18200 Saint-Amand-Montrond
Imprimé en France